赖翔晖 —— 编著

习得性无助

中国纺织出版社有限公司

内 容 提 要

心态能摧毁一个人，也能造就一个人。一个人，一旦形成习得性无助，将会变得消极、自卑、焦虑、抑郁，无法触摸到成功和幸福。避免习得性无助以及掌握积极心理学，是我们每个人都要学习的内容。

本书不只是一本心理学入门书籍，更是心灵抚慰剂。它从心理学实验入手，并结合现实案例，揭示了悲观、焦虑乃至抑郁背后的习得性无助，并对如何摆脱这种状态给出了针对性的指导意见。相信阅读本书，你将掌握拥有积极心态和幸福人生的金钥匙。

图书在版编目（CIP）数据

习得性无助 / 赖翔晖编著.--北京：中国纺织出版社有限公司，2024.4

ISBN 978-7-5229-1480-0

Ⅰ.①习… Ⅱ.①赖… Ⅲ.①普通心理学 Ⅳ.①B84

中国国家版本馆CIP数据核字（2024）第031216号

责任编辑：柳华君　　责任校对：寇晨晨　　责任印制：储志伟

中国纺织出版社有限公司出版发行
地址：北京市朝阳区百子湾东里A407号楼　邮政编码：100124
销售电话：010—67004422　传真：010—87155801
http://www.c-textilep.com
中国纺织出版社天猫旗舰店
官方微博 http://weibo.com/2119887771
天津千鹤文化传播有限公司印刷　各地新华书店经销
2024年4月第1版第1次印刷
开本：880×1230　1/32　印张：6.5
字数：106千字　定价：49.80元

凡购本书，如有缺页、倒页、脱页，由本社图书营销中心调换

前　言

日常生活中，我们进行某一行动，都期望它能带来积极的、美好的结果，而正是这种期望，让我们有动力去付出努力。结果如愿时，我们的内心是快乐的、幸福的，也会从中受到鼓舞，自信心油然而生，进而更加愿意行动，但如果得到的总是坏结果呢，会发生什么？

对于这一问题，心理学家马丁·塞利格曼尝试先从动物身上寻找答案，他用狗做了实验。一开始他将狗关在笼子里，只要蜂音器一响，就对狗进行电击，数次后，即便他将笼子打开，狗也不会逃跑，而是依然在蜂音器响起时倒地呻吟……

随后的很多实验也证明，这种情况在人身上也会发生。由此，塞利格曼提出了"习得性无助"理论。他认为，个体对能力的掌握和知觉的控制来自过去的经历，当遭受重复性的失败或惩罚后，个体将停止尝试，听任摆布，接受眼前的困境。

在现实生活中，那些长期考试失利的孩子、久病缠身的患者以及无依无靠的老人，他们身上常常会出现习得性无助的特征。当一个人发现无论他如何努力，无论他做什么，都以失败告终时，他就会觉得自己无法控制局面，他的精神支柱就会瓦解，斗志也随之丧失，最终会放弃所有努力，彻底陷入绝望。

因习得性无助而产生的绝望、抑郁、意志消沉，是很多心理问题乃至心理疾病产生的根源，如自卑心理、抑郁症、焦虑症等。然而，无论是习得性无助还是这些心理问题，都不是凭空出现的，要避免这些问题，或者自我救赎，挣脱"习得性无助"的泥沼，我们要改变自己的认知和心态，因为人的认知是个贯穿终生的发展过程。

要纠正错误认知，就必须改变思维方式，然而这事不能一蹴而就，得持续练习。那么，我们该如何改变自己的心态与认知，提升自己的积极思维呢？这是我们在本书中要讨论的内容。

本书从心理学上的经典实验入手，并结合有关研究和社会现象，深度剖析了一些常见心理问题和心理疾病的深层次原因——个体习得、强化与合理化后的结果，告诉我们反复失败、挫折对人的影响，并帮助我们学习积极心理学、摆脱自身的无助，进而重获人生的控制权。希望本书能对广大读者有所帮助。

编著者

2023年7月

目　录

第一章　了解习得性无助：看看你的消极心理是如何产生的　001

什么是习得性无助　003
习得性无助的形成原因　007
没有绝望的环境，只有绝望的心境　010
习得性无助在生活中的普遍性　014
习得性无助，是你自信和快乐的杀手　018
积极调整心理状态，防止习得性无助的产生　023
积极地认识自我，能助你摆脱习得性无助　027

第二章　习得性无助与心理建设：摆脱无助，才能真正变得坚强　031

坚信自己无能为力，你当然会失败　033
记住你不是丑小鸭，你是白天鹅　038
自己走出困境，不要指望什么救世主　041
保持正面情绪，你会变得成熟和自信　045
绝不能被打倒，要坚强地面对未来的一切　049

第三章　与抑郁对抗：用积极的心态解开抑郁的枷锁　055

什么是抑郁症　057
抑郁来自长期的习得性无助　061
挣脱抑郁的罗网，让自己快乐起来　065
敞开心扉是摆脱抑郁的关键　069
转换思维，掌握拥有快乐心态的钥匙　074

第四章　习得性无助与焦虑缓解：放松自我才能勇敢向前　079

习得性无助会引发焦虑情绪　081
焦虑症如何自我缓解和治疗　086
做好最坏的打算能淡化焦虑　091
尽最大的努力，就没什么担忧的　095
唯有行动，才能对抗无助和焦虑　100
承认和接纳焦虑，才能从容面对生活　104
掌握随时随地淡化焦虑、放松自我的方法　108

第五章 习得性无助与自信培养：积极的自我评价，让你信心满满　113

自卑来源于习得性无助　115
如何运用心理学方法克服自卑　119
摆脱自卑，方能实现自我超越　123
自信，是一个人的力量源泉　128
敢于挑战高难度，相信自己的潜力　132
自信并勇敢地前进，你就能成为自己想成为的人　136

第六章 习得性无助与挫折克服：将困难踩在脚下，防止无助感的产生　141

反复失败后的心灰意冷往往会导致习得性无助　143
迅速调整自我，开启新的奋斗状态　148
无论今天如何，明天的太阳都会照常升起　152
与其自怨自艾，不如勇敢地爬起来　155
即便身处绝境，也不要放弃自我　158
告诉自己"不要紧"，接纳生活中的麻烦　163
尽力就好，别给自己太大压力　166

| 第七章 | 习得性无助与教育心理：
孩子积极向上的性格需要从小培养 | 171 |

从小培养孩子的抗挫折能力，能防止习得性无助的发生　173
多给孩子积极正面的评价，让他更有信心　178
学习上自卑的孩子需要你的帮助　183
引导孩子正确认识人生成败　187
孩子受挫后告诉他别灰心，再试一次　191
受挫后孩子变自卑了，该如何引导　195

参考文献　200

第一章

了解习得性无助：看看你的消极心理是如何产生的

我们都知道，人是很容易受环境影响的动物，我们的心态常常会受所参加的活动的成败而变化。例如，在长期的失败后，我们很容易产生自卑感、无用感，认为自己一无是处，这就是心理学上的习得性无助。任何人，一旦形成习得性无助，就会失去自信和快乐，那么，什么是习得性无助呢？我们又该怎样避免习得性无助呢？带着这些疑问，我们来看看本章的内容。

什么是习得性无助

在生活中，你细心观察会发现，如果我们在工作或学习中总是失败，那么，我们就会在这项活动中放弃努力，甚至还会因此对自身产生怀疑，觉得自己"这也不行，那也不行"，无可救药。而事实上，此时此刻的我们并不是"真的不行"，而是陷入了消极的心理状态，这种心理让人们自设樊篱，把失败的原因归结为自身不可改变的因素，放弃继续尝试的勇气和信心，破罐子破摔。例如，认为学习成绩差是因为自己头脑不好，失恋是因为自己本身就令人讨厌等，这种心理状态就是"习得性无助"。关于"习得性无助"，美国心理学家塞利格曼1967年做了这样一个研究：

他的研究对象是狗，他先把狗关笼子里，当准备好的蜂音器一响，就电击笼子里的狗，狗关在笼子里只能呻吟和颤抖。

数次后，即便他将笼子打开，狗也不会逃跑，而是依然在蜂音器响起时倒地呻吟。原本，这只狗可以主动地离开笼子，免受电击痛苦，但它却选择等待痛苦的来临。心理学家把这种在受到多次挫折之后产生的面对问题的无能为力感叫作习得性无助或习得性绝望。

那么，什么是"习得性无助"呢？习得性无助是指通过学习形成的一种对现实的无望和无可奈何的行为、心理状态。那么，"习得性无助"又是怎样发生的呢？其实原因很简单，如果一个人总是被失败打击，感受不到成功的喜悦，那么，他就容易形成一种无助感，自卑、失望、悲观，甚至对自我价值的认知也是消极的。

其实，在对人类的观察中，心理学家也得到了与习得性无助动物实验类似的结果。举个例子，一个努力工作的人，每天加班加点、辛勤工作，但是业绩却不理想，无论他怎么努力也达不到预期的目标，最后，他逐渐丧失了信心，开始将失败归结于自身能力不足、运气不佳等，将一切归结为所谓的"命运"，因此听之任之，决定不再反抗"命运的力量"……可见，人一旦形成"习得性无助"，就会在自己的内心筑起一道永远无法逾越的墙，他们会坚信自己无能为力，放弃做任何努力，最终导致失败。因此，在挫折面前，我们应该谨防习得性无助，要以积极的心态面对挫折，摆脱无助心理，这样才能真正成长为一个坚强的人。

所以要想让自己远离绝望，我们必须学会客观理性地为我们的成功和失败找到正确的归因。生活中，我们经常听到一些人在遭遇失败时这样说："算了，就这样吧，没用的""听天由命吧"……这种消极、自卑的心理是他们在人生道路上积极进取的最大"杀手"。要知道，心理暗示的作用是巨大的，如果经受了某个挫折就断然给自己下结论"我不行"，就是给了自己一个消极的心理暗示，时间长了，就真的会习惯性地说"我不行"。因此，如果你正处在失败中，一定要摆脱这种无助感，只有这样，你才能真正重拾自信。

对待同一事物，不同的人的看法不同是很正常的事。就像人也有两面性一样，问题在于我们自己怎样去审视，怎样去选择。面对太阳，你眼前是一片光明；背对太阳，你看到的是自己的影子。也许现在的你经历了很多挫折，也开始自我否定，认为自己什么都不行。但你必须从今天开始积极地认识自我，摆脱这种习得性无助，你才能真正成长。

的确，人们的受挫能力是有极限的，人们在经受了长期的挫折影响后，便容易对自己的能力产生怀疑，对失败的恐惧远远大于对成功的希望。但无论如何，我们都要避免这样的心态，正确评价自我，树立自信心，走出困境，成为一个积极向上的人。具体说来，在日常生活中，你需要做到以下几点：

1.别总拿自己的短处和其他人的长处比

如果你总是拿自己的短处和他人的长处比，你就很容易产生自我否定的情绪，给自己造成心理压力，认为自己真的比别人差、比别人笨，于是形成恶性循环。

2.正确认识自我，多发现自己的优点

一个人要摆脱习得性无助，首先要正确认识自我，多发现自己的优点。人无完人，一个人对自己的评价应该是客观的，不仅包括自己的不足，还包括自己的优点。

3.体验成功，用成就感代替无助感

不妨多去做一些成功率高的事，这样，在成功的体验中，你能逐渐树立自信心，进而远离无助感。

习得性无助的形成原因

生活中，人们在遇到麻烦和困难时，最健康和正常的做法是积极回应、给予解决，让问题得到改善。但对于一些人来说，他们的做法却是被动地听天由命，认为自己对事情的进展无能为力。这些人之所以有这样的反应，就是因为形成了习得性无助，习得性无助是对不愉快情况的被动和顺从反应。因此，这类人在遭遇困难后会采取不作为的方式来避免心灵上的痛苦。

美国心理学协会指出，习得性无助是一种源于反复接触压力源的现象。这些压力因素是不可控制的，会导致人们无法使用自己熟悉的方法来处理事件。鉴于此，他们逐渐认为他们缺乏对所发生事情的控制，也就是对环境过程的控制。最终，这种习得的认知会减弱他们做出改变的动机。

换言之，这是一种心理状态，导致无法对造成痛苦的情况作出反应，这是在过去不愉快的事件中失败的结果。因此，人们学会忍受痛苦，并相信自己无法避免不愉快的刺激。所有导致习得性无助的原因都与某种偏见有关，这种偏见让人们相信自己无法控制生活中的事件，从而导致缺乏对某些情况可能造成什么后果的分析。他们相信自己的命运已经确定，无法改变。以下是导致这种情况的常见原因：

1. 童年的创伤经历

童年经历是一个人心理状态发展的重要影响因素之一。如果一个人在童年阶段有过不愉快的经历，并且没有得到他人尤其是成年人的帮助、安慰或者积极的引导和回应，那么，以后他在面对此类事件时很可能会表现出一种顺从的态度。

2. 家长的过度控制

控制孩子的家长不在少数。而孩子如果一直生活在父母或监护人的控制下，并且他们从行为后果中学习经验的机会被父母或监护人剥夺，则更容易产生习得性无助。

3. 学习顺从和被动的角色

孩子在童年时期接受的教育是影响这种状况发展的另一个因素。如果有某些鼓励被动和依赖的社会角色生活在孩子身边，就会增加孩子发展成无防御力的概率。

另外，孩子在童年时代接收到的来自外界的信息也会在形成无助感方面扮演重要角色。例如，如果孩子在成长期间，其身边人不断告诉他们，他们没有能力或不懂事，那么他们可能会成长为认为自己没有能力的成年人。

4.责任感或内疚感

一些内在因素也是习得性无助形成的重要原因，如责任感、内疚感。也就是说，此人对某件不愉快的事感到内疚，并坚信自己无力改变将来可能出现的任何情况，这样他会陷入态度的顺从和正当化，这会对他的自尊心和尊严产生负面的影响。这可能与他所接受的教育方式有关，例如有些教育方式能培养内疚感。

没有绝望的环境，只有绝望的心境

前面，我们给出了"习得性无助"的定义，"习得性无助"本质上是长期积累的负面生活经验使人丧失信心，继而丧失了追求成功的驱动力。

我们能从"习得性无助"中总结出人生发展的规律：人生没有真正的绝境，心态决定命运。生活中的你或许有这样或那样的不如意，请细想一下，是什么导致了这些不幸的结局？也许导致这种不幸的不是别人，正是你自己。是你消极的心态把你推上了不幸的列车，是你最后的放弃让你与原本属于你的幸福失之交臂。

可见，要避免"习得性无助"，最重要的是要在内心深处建立正确的思想观念，以及心理认知。要用自强不息的精神，通过不断的自我调整，突破当下思维，同时以辩证的观点看待挫折和磨难，并积极地调整自己的情志、心态，站在客观、理性、高维的角度看待人生路上所遇到的一切问题。

在这个世界，没有绝望的环境，只有绝望的心境。一切外在的客观环境，虽然对人有影响，但人作为有意识的生命体，其内在的精神力量是可以影响外在客观世界的，并能够通过坚韧的精神力量，通过时间以及个体的发展，突破并改变外在环境影响的。

这是发生在非洲的一个真实的故事。

因为矿井坍塌，6名正在井下作业的矿工被堵在了矿井中。

顿时，大家不知所措、乱成一团，但随后，他们都安静下来了、一言不发，地下工作的经验告诉他们，他们面临的最大问题是缺乏氧气，井下的氧气最多还能维持三个半小时，而且，这是在应对得当的情况下。矿井上方的人应该已经知道了这件事，他们要想获救，上面的人就必须重新打眼钻井才能找到他们。

然而，在氧气用完之前，他们能得救吗？因此，这些矿工决定尽一切努力节省氧气，于是，他们按照商量好的，全部躺在了地上，这样能减少体力消耗。

接下来的三个小时成了这6名矿工一生中最难熬且最难忘的时间，在他们中间，有一位工人有手表，而他也成为了大家的焦点，大家总是不停地问他："现在几点？""已经过了多久？""还有多长时间？"就这样，你一言我一语，时间被拉长了，明明才两三分钟，却好像半个多小时，他们越来越绝望。

领头的工人很快意识到，如果大家继续这样焦虑下去，那么，还没等救援的人到来，他们就会因为呼吸急促增加耗氧量而命丧于此。所以，他告诉那个戴表的矿工，每半小时通报一次，其他人一律不许再问。大家遵守了命令。当第一个半小时过去的时候，这人就说："过了半小时了。"

戴表的人发现，随着时间慢慢过去，通知大家最后期限的临近也越来越艰难。于是他擅自决定不让大家死得那么痛苦，他在第二个半小时的时候，没有通知大家，而是直到四十五分钟时才通知，大家很相信他，谁也没有怀疑。之后，又过了一个小时，他还是说："又是半个小时过去了。"另外5人各自都在心里计算着自己还有多少时间。表针继续走着，每过一小时大家收到一次时间通报。

与此同时，外面的人也加快了救援工作，他们知道被困矿工所处的位置，他们很难在四个小时之内救出他们。四个半小时到了，最坏的情况是找到6名矿工的尸体。

然而，他们发现，这6名矿工中，有5个人还活着，只有1个人窒息而死，他就是那个戴表的人。

在这种情况下，人本能的求生意识被激发，原本只能维持三个半小时生命的矿工们居然坚持了四个半小时，因为他们不知道真实的时间，在善意的欺骗下相信自己还有更长的时间，于是他们真的撑到了更长的时间，这就是信心的力量。而那位戴表的矿工是唯一真正面对死亡丧钟的人，他无法欺骗自己，也不相信他们能活下去。信心能使人们具备顽强的意志力，并可能"起死回生"。5名矿工之所以能活下来，报时的矿工之所以遇难，再次证明了这个道理。

看完这则故事，你是不是有所启发呢？生活亦是如此，有的时候，我们对这个世界充满了恐惧和困惑，总会轻易地想放弃。可实际上，人生没有绝望的处境，只有在处境中绝望的人。心理学家分析，绝境中恐慌、害怕、焦虑等各种负面情绪已然可怕，但如果当事人还不能够进行正确的自我心理引导的话，那很有可能受一时情绪的控制，酿成令人抱憾终身的结局。

习得性无助在生活中的普遍性

前面，我们提及了关于塞利格曼的"习得性无助"心理学实验，后来，塞利格曼经过后续诸多研究，进一步提出了解释风格理论，形成了无助理论中的重要部分。具体来说，解释风格是指个体对祸福的解释，包含永久性、普遍性和人格化三个维度。

永久性属于时间维度，认为祸事的原因具有永久性的个体属于持续悲观型，与此相对，将祸事归因于一时之过则属于乐观型。

普遍性属于空间维度，在遭受挫折后倾向于对失败做出普遍解释的个体会破罐子破摔，而做出特定解释的人会从生活的其他方面重拾信心，积极向前看。

在人格化维度中倾向于责怪自己、做出内在解释往往会导致低自尊，倾向于责怪外在因素的人不容易妄自菲薄。

总的来说，内在、永久、普遍的解释风格尤其会导致自我挫败，此类解释风格最为悲观，持有这样解释风格的个体相信无论自己如何努力，也无法逃离噩运，获得成功，并且表现出习得性无助的症状，甚至彻底丧失自尊。

而与此相反，采用外在、暂时、特定的解释风格的个体更加乐观，常常拥有不惧困难的特征。我们能看到历史上许多伟人虽然历经磨难却仍然坚忍不拔，继续寻找机会准备东山再起。

那么，人类的无助感是怎么产生的呢？总结起来有以下几个原因：

1.多次失败

我们曾尝试努力，但是很多次尝试后发现努力并没有带来我们想要的积极效果，或者说取得的是失败的结果，久而久之，我们形成了一种认知：自己的努力与结果没有关系，自己无法完成任务，自己无法改变所处环境。之后便逐渐形成了对环境和结果无力改变的消极态度，而这就是无助感，慢慢地，我们便陷入了自我否定中，开始自暴自弃。

2.自我归因错误

在现实生活中，我们每个人擅长的领域都不同，但一些人在失败受挫后并没有认识到这一点，而是产生了失落的心理。在这种负面情绪的影响下，他们也失去了自我判断的客观性，简单地将这种失败的结果归因于自己的能力问题，而没有分析失败更深层次的原因。

3.外界环境的影响

除了自我的原因外，外界环境也有可能强化习得性无助。当失败受挫后，外界的反馈，如他人的否定、嘲讽等都会给我们负面的心理压力。在这种心理下，我们更难以对失败的原因进行客观分析，对自己的认知会更加错误，从而导致我们更容易放弃努力。

人类在日常生活中的习得性无助行为十分常见。那么，在人类生活中，习得性无助都存在于哪些方面呢？

1.学业

习得性无助是一种常见的心理现象，它不仅发生在成人当中，在孩子中也普遍存在。例如，有些孩子之所以对学习提不起兴趣，一上课就睡觉，甚至厌学、逃学，其中很大一部分原因就在于学习上的"习得性无助"。因此，作为家长，一定要注意孩子的情绪，不要让孩子对学业产生"习得性无助"。对于自卑的孩子，一定要帮助他们重拾信心。

2.事业

无论是职场还是自主创业，一旦我们总是失败、被批评、被打击，就很容易产生习得性无助，认为自己"注定失败"。

3.爱情婚姻

在恋爱中，尤其是追求意中人的过程中，总是失败，也很容易自我怀疑，认为自己缺乏魅力、不被异性喜欢等。而在夫妻关系中，如果一直无法经营好婚姻，也容易产生颓丧、不再努力的失败感，认为婚姻大概也就是如此了。

总之，习得性无助存在于我们人生的方方面面，要避免习得性无助，我们需要努力将自己修炼成一个内心强大的人，只有这样，在面临失败和打击时，才能很快重整旗鼓、获得自信。

习得性无助，是你自信和快乐的杀手

前面，我们指出，任何人，一旦形成习得性无助，就会在内心种下自卑、无助和失败的种子。因为在习得性无助者的内心，常常有一个批评的声音，他是我们成绩的否定者，每当我们有了一点小成就时，他就钻出来了，然后把我们内心的一点欣喜和自信击得粉碎。例如，当你因为策划案做得好而被领导夸奖时，他会说："别以为你的想法很不错，你的上司不过是敷衍你而已。"当你写了一篇散文准备投稿时，他会说："写得这么差，你还好意思给别人看？"当你准备向心爱的姑娘表达心意时，他会说："她怎么会喜欢你这样的呢？"不难想象，这样的人不会有什么大作为。诚然，我们知道，合理的自我批评让我们更好地反省，但过度批评或者重复次数太多，则会让我们对自己的能力、价值产生怀疑，让我们变成一个胆小怕事的人。

所以，任何人都要防止习得性无助的产生。生活中，有人说："你自己永远是信任你的最后一个人——哪怕全世界没有别人信任你了，还有你自己信任你自己。"列宁也说过："自信是走向成功的第一步。"这就告诉我们要相信自己，积极地暗示自己，不能任由内心的批评者控制我们。

周小丽是一名策划公司的资深员工，她能力出众、待人温和，几乎所有的同事和领导都喜欢她。这不，在最近的人事变动中，领导决定让她担任策划总监。从一名策划升到策划总监，这确实是值得庆贺的事情。因此，这天中午，她的同事兼好友小王把她约到咖啡厅，想当面道喜。

"恭喜你啊，周总监。"小王故意改变以往说话的口吻，她确实为好姐妹开心。

"有什么开心的，愁死我了。"周小丽叹了口气。

"升职了，应该高兴，别人盼还盼不来呢，有什么可愁的？"小王纳闷儿了。

"说实话，我根本就不想升职，不想加薪，现在这样当个策划，我都觉得压力大，有做不完的事情，要是再当个总监，我还要做更多的事，承受更大的压力，恐怕一点儿自己的时间都没了。再说，万一做不好呢？原本公司就有个跟我实力相当的人一直觊觎这个职位，我应付不来这个工作的话，他更有理由找茬了。另外，我本来就是个不喜欢与人争抢的人，也应付不了每天对下属们的工作指点来指点去，一旦成了总监，我想大概每天都有人在背后议论我，就连我穿什么衣服、剪什么发型，估计都成为大家的谈资，被人始终盯着的滋味实在不好受。"

听完周小丽的话，小王点了点头，确实是这么个道理，然后她接着问："那你准备怎么做？任职命令可是已经下达了的呀？"

"能怎么办？躲着呗！能拖就拖，接下来几天我都不会来公司，请几天假，就说自己不舒服，公司这几天正是缺人手的时候，我关键时刻给他掉链子，高层肯定觉得我不能担当大任，自然会找人代替我。"

周小丽的一番话让小王沉思半天，的确，人们都只是看到别人人前的荣耀，却没有看到他们人后的牺牲和压力。不过，因为恐惧成功后可能发生的事情而逃避，真的正确吗？

对于小王的疑问，我们可以肯定地给出答案：当然不正确！一个人对自己缺乏自信、害怕成功，那么，只会导致他停滞不前，把自己禁锢在牢笼中。其实，很多时候，你所恐惧的事情并不一定会发生，即便发生，也远没有你想象的可怕。不过，我们可以从这个案例中得出一点：在负面的、消极的情绪下，人会缺乏工作动力，工作效率也会下降。

生活是千变万化的，悲欢离合、生老病死、天灾人祸、喜怒哀乐，都在所难免。一次被拒绝的失望、一场伙伴的误会、一句过激的话语，都会影响我们的心情，生活中不顺心的事总是很多，这就需要我们每个人学会调节自己的心态。怎样调节呢？最简单有效的做法——用积极的暗示替代消极的暗示。当你想说"我完了"的时候，要马上替换成"不，我还有希望"，平时要养成积极暗示的习惯。

一个人积极与否，是通过心理暗示起作用的。例如，在同样是被客户拒绝的情况下，不同的人会产生不同的心态，A会说："加油，被拒绝说明我还有很多路要走，要不断锻炼自己，改进自己的不足，这样客户就会更容易接受我和我的产品了！"而B反应则是："唉，为什么我就这么差劲？我为什么总是这么倒霉？为什么客户总是要拒绝我？我怎样才能让客户不再拒绝我？"接下来，这两种不同的态度会导致A、B两人完全不同的工作态度：A会在业余时间把精力放到学习和为自己充电上；而B则不断自我怀疑、自我否定。我们看到，A的时间都用在了通往成功的路途上，而B的时间则用在了情绪消化上。

因此，从这一点上，我们可以说，我们内心做积极的自我暗示的能力如何，决定了我们的心态如何，而这又决定了我们关注的焦点在哪里，焦点决定了我们的时间用在哪里，是否有利于我们快速达成目标。

总之，无论我们遇到什么事，都不要任由内心的负面情绪控制自己，一旦被它袭击，得马上自我保护，提醒自己它只不过是借软弱打倒理性的纯粹思维惯性而已，这样想你便能歼灭那些消极心态了。

积极调整心理状态，防止习得性无助的产生

前面，我们指出，长期的失败会导致消极心态的产生，久而久之，人们就会产生习得性无助。人的无助感不是天生的，然而，没有人能完全杜绝失败，我们要想防止习得性无助的产生，就要在失败来临时积极调整自己的心态。

心理学家称，人的心灵有两个主要部分，分别是意识和潜意识。当意识做决定时，潜意识则做好所有的准备。换句话说，意识决定了"做什么"，而潜意识便将"如何做"整理出来。意识就好像冰山浮出水平面上的一角，而潜意识就是埋藏在水平面下面那一部分。

所以，要想得到快乐，请记住："每天想想你得意的事情，不要将注意力集中在烦恼上。"

现实生活中，我们难免会遇到一些影响情绪和有损我们自信的问题，但只要我们积极面对，相信自己，就能抵抗内心的消极心态，就能防止习得性无助的产生。

有一天，在某个公交站牌处，发生了这样一幕：

一对母女发生了争执。

小女孩有点生气地对妈妈说："我就要去海边玩，为什么你不让我去！"

妈妈劝她："我跟你早就说了呀，如果今天出太阳我们就去，但是你看，今天没太阳，而且天气预报还说一会儿可能要下雨，还是改天再去吧。"

"不，妈妈，今天出太阳了……"

妈妈笑了起来，问道："哪里有啊，不要骗人，你说说，太阳到底在哪儿。"

小女孩抬起头来，东看看西瞧瞧，然后指着天空喊："不是在那儿嘛。"

"没有啊，那只是乌云而已呀。"

"对呀！"没想到，小女孩一副非常认真的样子，"太阳就躲在乌云的后面呢，等会儿乌云一走开，不就出来了吗？"

听到小女孩的话，所有等车的人都笑了。

小女孩这样一句简单的话——"太阳就躲在乌云后面"，是多么积极向上的心态啊，对于积极的人来说，太阳每天都在天空中，虽然有的时候我们看不见它，那是因为它躲在云的后面，而乌云总有散开的时候，就如人生总有诸多幸福会接踵而来一样。乌云密布的时候，你是怎样看待的呢？如果你也能看到乌云后的太阳，那么，你也就是个积极的人。

事实上，人的潜意识是能选择快乐的，一个人快乐与否，完全决定于个人对人、事、物的看法如何。因为生活是由思想构成的。如果我们想的都是欢乐的事情，我们就能欢乐；如果我们想的都是悲伤的事情，我们就会悲伤。人生在世，快乐地活着是一生，忧郁地过也是一生，是选择快乐还是忧郁？这完全取决于人的心态，正确的做法就是不断地培养自己乐观的心态，远离悲观，这既是一种生活艺术，又是一种养生之道。

积极的人，满世界都是"鲜花开放"；而悲观者看人生，则总是"悲秋寂寥"。例如，同样是春雨霏霏，有人看到的是漫步雨中的浪漫，有人想到的却是潮湿天气带来的不便；同样是满天繁星，一个心态积极的人可在茫茫夜空中读出星光的灿烂，增强自己对生活的自信；一个心态消极的人则让黑暗埋葬了自己，而且越葬越深。罗根·史密斯说过这样一段话："人生应该有两个目标：第一，得到自己所想的东西；第二，充分享受它。只有智者才能做到第二个。"

同样，生活中年轻的人们，无论过去你曾经遇到过什么磨难，你都要学会自我调节。这样，在未来荆棘密布的人生道路上，无论命运把你抛向任何险恶的境地，你都能做到积极、快乐地生活！为此，可以这样调整自己的心理状态：

1.相信自己能做到

日本作家中岛薰曾说："认为自己做不到，只是一种错觉。"自卑是一种消极的情绪，它会让你产生挫败感，你会认为自己什么都做不到。而实际上，当你绝望时，希望就在前方等着你。因此，只有你放下自卑，以积极的心态去面对生活的挑战，你的生命才会有无限的可能。

2.相信自己能得到幸福

相信自己能够成功，往往自己就能成功，这是人的心理在起作用。同样，一个女人要想获得幸福也是如此。一个女孩总想着幸福，就会幸福；总想着不幸，就会不幸。人们常说的心想事成，就是这个道理。

所以，抛却那些伤心的往事吧，抛却那些失败后的懊恼吧，若想开心地生活，就必须勇于忘却过去的不幸，开始新的生活。

总之，每个人在生活中都有可能遇到不顺心之事，也有可能遇到重大挫折。而积极是生活的一味良药，伤心的时候乐观一点，孤独的时候去寻找快乐，热情而积极地拥抱生活，幸福就会像天使一般无声地降临到你的身边。

积极地认识自我，能助你摆脱习得性无助

我们在前文提到，习得性无助是一种常见的心理现象，它在人类中普遍存在。要摆脱习得性无助，我们首先要积极地认识自我，看到自己的优势和长处。

的确，"人无完人"的道理人人都懂，但现实生活中，还是有很大一部分人，因为自身的某些不足，如外表不够漂亮、学历不够高、某项能力不如人或者身体上的缺陷而自卑。因为这些所谓的不足，他们看不到自身的优点和长处，他们自怨自艾，就这样，他们始终有一种无法摆脱的无助感，无论做什么都不积极主动，白白错过了一个又一个的机会，给自己留下遗憾，很明显，这样的人生是注定失败的。

可见，积极的自我认识尤为重要，所谓自我认识，是指主我对客我的认知和评价，即自我认知和自我评价。自我认知是自己对自己身心特征的认识；自我评价是在自我认知的基础上对自己做出的某种判断，是在客观的自我认知基础上做出正确的自我评价，对于个人的心理生活、行为表现及个人在社会群

体中人际关系的协调，都有重大的影响。

一天，哈佛大学教授罗伯特接到一个高中女孩的电话，电话接通时，女孩就哭着说："教授，我真的什么都不行！"

罗伯特很快感受到了女孩的痛苦，于是，他亲切地问道："真的是这样吗？"

女孩深深叹了口气，说："是的，在学校，我不擅长和人打交道，同学们都不喜欢我。我成绩不好，老师也从不正眼看我。妈妈很辛苦地供我读书，希望我能出人头地，但我的考试成绩却一次次地让她失望，就连我喜欢的男孩子也不喜欢我，你说我是不是很失败，我现在都不知道接下来的路该怎么走了……"女孩的言语里尽是失望。

罗伯特教授追问："是这样啊，那你为什么要给我打这个电话呢？"

女孩继续说："我也不清楚，大概是我压抑太久了，只想找个人倾诉出来，这样心里会好过点。"

罗伯特明白，这个女孩的问题正在于——习得性无助，又缺乏鼓励。假如一个人长时间在挫折里得不到鼓励与肯定，就会逐渐养成自我否定的习惯。

接着，罗伯特教授说："可是从我们这一段简短的对话中，我发现你真的有很多优点：你善良、懂事、逻辑思维能力和语言表达能力都很好。我真是不明白为什么你会觉得自己什么都不行？"

女孩惊讶地问："不是吧？这都能算优点？那为什么没有人告诉过我呢？"

罗伯特教授回答："是的，不过，从今天起，你要记住我的话，每天都要记下自己的一些优点，最少要写十条，然后大声地念出来。还有，如果发现了自己新的优点，一定要补充上。"

后来，罗伯特教授在课堂上就这一事例告诉学生："可能在你们中间，也有一些人像我遇到的这个女孩一样，在经历过一些挫折之后，便开始自我否定，认为自己什么都不行。我希望从今天开始，你们每个人都要积极地认识自我，摆脱这种习得性无助，你才能真正变得坚强。"

正如罗伯特教授所说的，人们在经受了长期的挫折影响后，便容易对自己的能力产生怀疑，对失败的恐惧远远大于对成功的希望。但无论如何，你都要避免这样的心态，正确评价自我，才能树立自信，走出困境，成为一个坚强的人。

那么，如何积极正面地评价自我呢？以下是心理学家给出的几点建议：

1.全面客观地认识自己

全面客观地认识自己，意思就是不仅要看到自己的优点，也要看到自己的缺点，并客观地给予评价。要做到这一点，除了自己对自己的评价，还要注意从周围人身上获取关于自己的信息。这些人可以是我们的父母，也可以是我们的朋友，也可以是我们的同事，只有这样，我们才能逐步形成对自我的全面客观的认识。

2.全面地接纳自己

接纳自己的优点，而容不下自己的缺点，是很多人容易犯的错误。一个人首先应该自我接纳，才能为他人接纳。

因此，真正的自我接纳，就是要接受所有好的与坏的、成功与失败。不妄自菲薄，也不妄自尊大，不卑不亢，才能健康地发展自己，逐步走向成功。

3.积极地完善自己的不足

这些不足，指的是某些"内在"上的，如学识、技能、素质等。当你成功地改善了自己某方面的不足，便会获得巨大的成就感，更重要的是，这一过程会帮助你由"无助"转为"自助"。

第二章

习得性无助与心理建设：摆脱无助，才能真正变得坚强有人说，心态决定人生，积极的心态引导我们以正确、恰当的方法做人做事，引导我们成功。相反，在消极心态的引导下，我们很可能悲观失望、无助消极，产生习得性无助，导致我们的人生灰暗。因此，我们每个人，都要学会做积极的心理建设，只有这样，我们才能做情绪的主人，才能拥有正能量，才能快乐地生活。

坚信自己无能为力，你当然会失败

我们都知道，自信是对自己的高度肯定，是成功的基石，是一种发自内心的强烈信念。相反，如果一个人总是自我怀疑，认为自己这不行那不行，那么，久而久之，他便会产生"习得性无助"，认为自己真的不行了。

在一些自我怀疑者的心中，经常会有这样一些声音："这件事我肯定不行。""我不想被嘲笑。""太难了，我无力应对。"这些负面的评价让人们消极，懈怠手头上的工作，不难想象，一个自我怀疑的人总是认为自己无能为力，这样的人是不可能取得工作上的成就的。因为他们总是在自我设限，他们认为自己在规定时间内做不到，他们不敢挑战更大的目标，他们不敢参与竞争，面对别人的成功，他们也只会自怨自艾，一旦出现挫折，他们也很难走出来。相反，一个人有了自信后，就会积极向上，就会比别人更有执行力，更有耐挫力，他们遇到问题时，也更有勇气面对，而正是这种力量指引着他们不断走向成功。

静静是个很勤奋的姑娘，但就是有个缺点，那就是有点自卑，甚至做事扭捏。她在现在这家广告公司已经工作五六年了，但这么长时间以来，她好像就是个可有可无的人，因为她几乎没接过什么重要的任务，尽管在大家看来，静静是个人品好、工作认真的女孩。

最近，她似乎"转运"了，在公司的选举大会上，她被同事们选举为公司新部门的副主管，她总算进入了中层管理人员的行列。不光如此，公司还给她安排了去法国总部进修的机会。

一直以来业绩平平的静静居然有了这么好的机会，很多人都急红了眼，他们争相往经理的办公室跑，希望能争取到这个机会。

这天上午，静静正在整理资料，她接到电话，经理让她去一趟。当她坐下，经理笑着说："这次你被老板点名派去法国进修，说明公司对你寄予了厚望，你的工作能力和态度也是一直被公司肯定的。但这几天，一些资历老的同事不断来找我，让我十分为难，你也知道，说实话，他们的资历真的比你老，工作能力也不比你差，如果你能让步，下次我一定再给你争取更好的机会。"

经理说完这些话后，静静傻站了半天，她不知道该怎么办。接着，经理让她回去好好想想。

静静实在不知道该怎么办，最后，她决定给自己的好朋友李倩打个电话，让她为自己支个招。李倩告诉她，她只不过是不自信罢了。

接下来，李倩问静静："如果你让出这次机会，你觉得别人在背后会怎么议论你？"静静并没有回答，接下来，李倩说："其实你是一个能力很强的女孩，不是吗？从小到大，你每次考试都能取得很好的成绩，你也曾在歌唱比赛中有很好的表现，你还记得吗？在台下，大家都为你鼓掌，你看到了吗？所有人欣羡的眼神……"

听到好姐妹这样说，静静的眼神里多了一份自信，然后，李倩继续对她说："你以为别人会说你善解人意、先人后己吗？别傻了，他们会说你傻、缺心眼、没脑子。已经到手的学习、升职的机会拱手于人，他们不但不会感激你，还认为你是个白痴呢。而你的领导，也可能认为你缺乏干练的工作能力，你认为他下次真的会把机会留给你，你就别做梦了。"静静急了："可是，经理还等着我回复呢，我要是不答应，那以后我还怎么在公司待下去啊？"

李倩继续说："我劝你还是直接说自己需要这次机会，否则，你的经理可能还会认为你忸怩作态呢。再说，万一这是他故意试探你的呢？如果你真的退让了，让别人拿走本该属于你的机会，以后他会稳稳当当地继续当领导，或者升职调去其他部门，那么你能剩下什么、得到什么？等到下次，说不定又有人要跟你抢呢。"

静静觉得李倩的话很有道理，于是，采纳了她的建议，回复经理说："我很感激公司和经理对自己的栽培，也很珍惜这次出国进修的机会。"

进修回来后的静静果然干练、大方多了，少了很多稚气。

这则案例中，我们看到了一个稚嫩的职场女孩在接受好朋友的心理疏导后变得积极、自信的过程，然后大胆表达了自己的想法，获得了历练的机会。

的确，生活中，我们可能更在意别人对我们的评价，我们无时无刻不在展现自己的心态，无时无刻不在表现自己的希望或担忧。但如果别人不相信我们，如果别人因为我们经常表现出消极软弱的一面而认为我们无能和胆小，那么，我们将永远不可能担当大任。

那么，我们该如何破除自我怀疑呢？

其实，我们完全可以通过自我暗示来增强自信，让自己积极起来。所以，永远不要对自己说：我很笨、我根本学不会、我不可能成功、我麻烦了、我真糟糕、我绝对不行、我肯定会失败、我一定赢不了……消极、负面的字眼会让你产生消极的暗示，导致消极的行为。如果你经常对自己进行积极的暗示，如"很快就能学会""我非常棒""我一定能赢"，这样会让你产生积极的思维和行为。

人世中的许多事，只要想做，并坚信自己能成功，那么你就能做成。因此，我们也不必再因自我怀疑而止步不前了，带着你一定能做到的信念，立即执行吧，相信你能看到努力的成果。

记住你不是丑小鸭，你是白天鹅

生活中，我们常说，人无完人。每个人都有缺点和不足，我们应该有自我认知的意识和能力，但这并不意味着我们要紧盯着自己的缺点和失败不放，也并不意味着我们一无是处。如果你一直消极自卑，就很有可能产生习得性无助，心理学家认为：一个人如果自惭形秽，那他就不会成为一个美人；如果他不相信自己的能力，那他就永远不会是事业上的成功者。从这个意义上说，如果你是个自卑的人，那么，树立自信心是战胜自卑感的最好方法。你要记住，你是白天鹅，而不是丑小鸭。

曾有这样一个小故事：有一个女孩名叫琴，长相平平，在美女如云的班级里，她只是一棵不起眼的小草儿，成绩平平，无法让视分数如宝的老师青睐，除了会写几首浪漫小诗给自己看外，没其他特别突出的技能，不会唱歌，也不会跳舞。琴心里很寂寞，没有男孩追求，没有同学和她做朋友。

一天清晨，她拉开门，惊讶地发现门口摆着一束娇艳欲滴的红玫瑰，旁边还有一张小小的卡片。她迅速将花和卡片拿到自己的房间，轻轻地打开卡片。上面有几行字，是这样写的：

其实一直以来我都想对你说一声：我喜欢你。但我没有勇气，因为你的一切让我深感自卑。你那平静如水的眼神，优美的文笔，高雅的气质，让我很难忘记。所以，我只能默默地看着你。——一个喜欢你的男生

琴的心怦怦直跳，没想到自己有那么多的优点，自己原来并不是一个毫不起眼的人啊。从那以后，琴开始主动和同学交谈，成绩也渐渐上升，慢慢地，老师和同学都很喜欢她。高中毕业以后，她考上了大学，凭着那份自信，她在学校中尽情发挥自己的才能，赢得同学和老师的喜欢。大学毕业后，她找了一份很满意的工作，并且找了一个深爱她的丈夫。

琴一直有一个心愿，就是找出那个给她送花的人，想感谢他让她重新找回了自信，要不是那束花，或许现在一切都是希望和等待。有一天，无意间，她听到父母的谈话。妈妈说："当年你想的招儿还真有用，一束玫瑰花就改变了她的生活。"

琴不禁愕然，怪不得那字看起来像人故意用宋体写的。但一束玫瑰花的作用真那么大吗？不，是自信改变了琴的生活。

一束玫瑰花，一个并不存在的男生，竟能如此彻底地改变一

个人的人生。琴"成功"了一次，接下来她就敢于成功无数次。

自卑感与习得性无助是互为因果的关系，如果一个人受制于自己的自卑感，那么，其精神生活将会受到严重的束缚，其聪明才智和创造力也会被压制，习得性无助也就此形成，而习得性无助带来的失败也会加重自卑感，所以说，自卑是人们寻求幸福的阻碍。

心理学家认为，自卑是一种消极的自我评价和自我意识，也就是个体认为在某些方面不如人而产生的消极情感，有自卑感的人总认为自己事事不如人，自惭形秽，丧失信心，进而悲观失望，不思进取。自卑感常常来自别人的批评和否定。

因此，面对别人对你的批评，你需要理性地看待。因为别人批评你是免不了的，如果你对别人的批评很在意，心理上就会很难过，愈辩愈黑；如果你以理性的态度、开放的心态去接受，心情反而会坦然。

自己走出困境，不要指望什么救世主

"生活中，我们每个人都会遭遇困难，面对困难，我们都知道，垂头丧气显然于事无补，我们要做的，除了坦然面对外，还要改变自己的心态。"当生活的不幸来临时，积极的心态是战胜一切艰难困苦，走向成功的助推器。内心不败，就不会被习得性无助侵犯。

然而，我们发现，一些人在遭遇困境时，总想着博得他人的同情和怜悯，因为这样会获得他人的帮助。对于这样的人，我们只能说，他们是永远长不大的，一个人心智成熟的过程，就是不断地自我磨炼的过程，一遇到问题就想依靠他人的力量，这样的人无法成为独立的人。

对于年轻人来说，天上掉馅饼的想法一定不能有。年轻人想要改变自己的生活和命运，就必须积极进取，而不是把希望寄托在异想天开的天赐良机上。年轻就是奋斗的年华，爱默生说："凡事欲其成功，必要付出代价，这个代价就是奋斗。"

古语云："自助者，天助之。"把别人的帮助当作希望，往往只是一种被动的奢求，外界的帮助使人更加脆弱，自助却使人得到恒久的鼓励。因此，要走出困境，关键还在于我们自己。

现代社会的每个人都要明白，只有努力奋斗，才能改变自己的命运，任何投机取巧的捷径都不是一条正确的路。思想意识决定了一个人的人生和命运，只要积极进取，从改变自身做起，我们的人生之路才会更加宽阔。

当然，奋斗的道路是艰难的，也许有人奋斗了一生，并未能如愿以偿。就像攀登喜马拉雅山，有的人眼看要到达顶峰了，却被无情的雪崩所淹没。可是，这并不能泯灭他们奋斗的足迹。生命不息，奋斗不止，付出了可能暂时没有得到回报，但是不付出就绝对得不到回报。

很久以前，有个乞丐只有一只手，他实在走投无路了，便来到了深山的寺院乞讨。

不料，原本宽大为怀的方丈在看到衣衫褴褛、饥肠辘辘的乞丐后，不但没有马上施舍，反而还指着寺庙前面的一堆砖面色严肃地说："你把这堆砖搬到后面院子里吧！"

乞丐满脸为难地告诉方丈："但是我只有一只手，怎么能搬砖呢？你如果不想施舍我可以直接说，不用故意捉弄我。"

方丈缓慢走到那堆砖前面，单手拿起一块砖，不急不缓地说："谁说一只手就不能搬砖呢，只不过一次搬得少，要多跑几次而已。想做的话，一定能够做到的。"

就这样，乞丐每次只能拿起一块砖，在烈日下足足忙碌了四五个小时，才把砖全都搬到了后院。

这时，方丈看着大汗淋漓、满脸脏污的乞丐，拿出一条雪白的毛巾打湿之后递给乞丐，让乞丐清洁自己的脸和手。

等到乞丐将手和脸擦干净后，方丈慷慨地拿出一百元递给乞丐，乞丐没想到方丈会给他这么多钱，因而连声道谢。方丈却面色平静地说："你不用谢我，这是你的劳动所得。"

过了几天，寺庙里又来了个乞丐。

方丈把乞丐带到后面的院子里，指着那堆前几天刚被搬过来的砖，对乞丐说："你先帮我把这堆砖搬到屋子前面的空地上。"

尽管这个乞丐双手健全，但是却对方丈的话不屑一顾，然后扬长而去，根本不想行动。此时，徒弟疑惑地问方丈："师父，您这堆砖到底想放在屋子前面还是后面院子里呢？这可是您前几天刚刚让前一个乞丐从屋前搬过来的呀！"方丈笑着说："这堆砖其实并不是非要放到这里或那里，我是希望乞丐能因为劳动获得报酬，放到哪里都行，最重要的是必须在他们搬砖之后，才能给予他们施舍。这样他们才能知道不劳而获并非长久之计，只有依靠自己的劳动赚取收入，才能彻底改变命运。"

若干年之后的一天，寺庙里来了位西装革履的绅士，此人出手阔绰，向寺庙捐了很多钱，方丈对这个人表示了感谢，这个人却说："师父，是您让我有了今天，该是我感谢您才对。"这时，方丈才看到这个人西服有一只袖洞里是空的。原来，这就是来寺庙乞讨的那位独臂乞丐，如今的他已经小有成就，彻底改变了命运。

在这个事例中，方丈深谋远虑，靠那堆砖，来点化每一个前来乞讨的乞丐。那个最终仅靠着一只手成功把砖搬到后院的乞丐，如今凭着一只独臂闯出了人生的新天地。但是后来的那个身体健全的乞丐却不屑于搬砖，只想着不劳而获，悲惨下场也可想而知。

总之，我们需要记住的是，不管你决定做什么，不管你为自己的人生设定了多少目标，决定你成功的永远是你自己的行动。只有行动才能赋予生命力量，只有你的行动，决定你的价值。

保持正面情绪，你会变得成熟和自信

我们都知道，人是很容易被情绪影响的动物，一些人常常在遭受挫折后迷失自己，他们会妄自菲薄，无法客观地看待自己，认为自己是失败的。但其实，我们要随时警惕内心的负面情绪，相信自己是优秀的，这样内心才能变得强大，防止习得性无助的发生。

所以，你需要记住的是，任何时候，我们都要在内心建立积极的自我意象，因为决定人生成败的是态度，积极乐观的人可以在任何时候都保持快乐，无论道路多么崎岖都会毅然向前走。因此，不管你身处何种境遇，一定要保持正面情绪，积极、乐观、不抱怨，你就会变得成熟、自信。

因为家境贫困，再加上爸爸酗酒，所以小雨的内心非常自卑。记得小雨初中的时候，有一次，小雨作为班长带领班级的几个班干部出黑板报，因此耽误了晚上回家吃饭的时间。为此，爸爸去给小雨送饭吃。那天，爸爸去得比较晚，都快上晚自习了才到。爸爸给小雨送饭，小雨心里觉得暖暖的，但是，小雨还是很生气。小雨很了解爸爸，只看了爸爸一眼，她就知道爸爸又喝多了，眯缝着眼睛，话也特别多。因为爸爸酗酒，所以总是和妈妈吵架，给小雨的心里留下了很大的阴影。

看着爸爸醉醺醺的样子，小雨根本不想搭理他，因而没好气地和爸爸说话。后来，同学问小雨，为什么爸爸对她这么好，还给她送饭，但是她却好像在生爸爸的气呢。小雨无言以对，因为她不能告诉同学爸爸酗酒，给家庭带来了很大的伤害。就这样，小雨变得越来越敏感和自卑，她总是问自己，为什么没有一个不酗酒的好爸爸呢？因此，她不仅无法从家庭中得到安全感，甚至觉得自己在同学们面前也矮人三分，虽然她的学习成绩始终在班级中遥遥领先。几年的时间过去了，小雨变得越来越沉默，她高中毕业后考进了一所师范院校。

在读大学期间，小雨认识了几个好朋友，他们告诉小雨："每个人都有自己的生活方式，你是你自己，你应该自信起来。"后来，每当她为爸爸酗酒的事感到自惭形秽时，她就会想起朋友的这段话。时间久了，小雨发现自己好像也有不小的变化。她发现自己很喜欢写文章，老师也发现了她优美的文笔，便鼓励小雨参加文学社。小雨担心自己不行，迟迟没有答应。直到发表了几篇文章之后，她才鼓足勇气参加了文学社。

进了文学社不到一年时间，小雨就因为表现出色被大家推选为副社长。

在文学社中，小雨因为才华横溢，所以很受同学和老师的推崇。加上一直在学习用自我暗示的方法强化积极心理，渐渐地，她不再那么自卑。以前，因为爸爸酗酒，即使每次考试都是班级第一名，她也仍然觉得在人前抬不起头来。现在，因为出色的表现、优美的文笔，小雨慢慢地有了自信。随着年岁的增长，她意识到每个人都有选择自己生活的权利，别人可以建议，但是却没有权利干涉。因此，她不再因为爸爸酗酒的事情而自卑了。随着自信心的增强，小雨意识到自己在文学方面颇有才华，而且，她不仅非常喜欢写作，也很喜欢阅读。在老师的引导下，她变得越来越乐观开朗，不仅把文学社搞得有声有色，而且发表了越来越多的文章。大学毕业后，小雨因为文学方面的才华，被学校保送某著名大学的中文系读研。

这则案例中，我们看到了女孩小雨从自卑逐渐走向自信的过程。在她小时候，因为父亲酗酒，小雨的内心一直被自卑的阴影笼罩着，即便是全班第一名的好成绩也未能帮她排解。幸运的是，小雨后来学会了如何保持正面情绪的方法，并且，她找到了自己在文学方面的特长，就这样，她渐渐地有了自信，对人生也充满了希望。可以说，假如没有学习到如何给自己积极的暗示，小雨的人生很可能是另外一番景象。

你要坚信，自我暗示与肯定，是一种良好的训练。因为这些肯定性信息能反馈到我们大脑中，产生我们真正所盼望的自我改进与自我完善，从而促进我们改善身心。当我们坚持这种训练，并且在坚持一段时间之后就会发现，自我肯定绝不是白日做梦，绝不是自欺欺人，而是一种有效的自我激励与精神升华的手段，它能帮助我们重塑自己的人生，重新构筑自己的内心世界。

绝不能被打倒，要坚强地面对未来的一切

我们都知道，人生路上，苦难是不可避免的，但我们每个人都有自己的选择，有的人选择自暴自弃，有的人选择隐忍、奋进。自暴自弃的人很容易产生习得性无助，而一旦产生习得性无助，人生将一事无成。因此，在困难面前，我们要告诉自己，绝对不能被打倒，要坚强地面对未来的一切。特别是最初步入社会的几年，摔倒了，不能趴下，只有起身才能继续前行；失败了，不能气馁，只有顽强才能勇往直前；受挫了，不能放弃，只有坚持才能越挫越勇。是的，一切一切的遭遇，年轻的我们都要坚强地面对：事业的失败、感情的磨难、工作的挫折，再苦再累都不要灰心丧气。

我们为事业、未来拼搏的道路上，会遭遇很多困难，而面对绝境的时候，才是真正考验我们的时候。跌倒了，应该坚强地对自己说："爬起来就行了，不要为这绊脚石而伤心，它不过是人生成长的磨炼罢了。"伤痛留下的伤疤只会成为永恒的回忆，而每一道伤疤都会告诉自己：我要坚强地面对

生活。

我们的人生才刚刚起步，相信命运的前方还会有许多绊脚石，但只要学会坚强，朝着自己设定的目标前进，一切困难都不会阻碍我们抵达成功的彼岸。

1832年，林肯失业了，随后，在竞选中，他也失败了。林肯遭遇了双重打击，痛苦万分，但林肯决定站起来，他开始着手自己创业。然而，还不到一年，企业倒闭，精神上的打击自不必说，林肯还得为债务烦恼，而接下来的还债时间，长达17年之久。

随后，林肯再一次决定参加州议员竞选，幸运的是，这次他终于成功了，他的人生从此出现了一丝希望。

1835年，他订婚了。但就在快结婚的前几个月，他的未婚妻不幸离世，这对他打击颇大，他病倒了，数月卧床不起，甚至一度患上了精神衰弱症。

1838年，林肯觉得身体良好，于是决定竞选州议会议长，可是他失败了。1843年，他又参加竞选美国国会议员，这次仍然没有成功。

林肯的每一次尝试都失败了，即便如此，他也未曾放弃。1846年，他又一次参加竞选国会议员，最后终于当选了。

两年任期很快过去了，他决定要争取连任。他认为自己作为国会议员的表现是出色的，相信选民会继续选举他。但结果很遗憾，他落选了，因为这次竞选他赔了一大笔钱。林肯申请当本州的土地官员，但州政府把他的申请退了回来，上面指出："做本州的土地官员要求有卓越的才能和超常的智力，你的申请未能满足这些要求。"

接连又是两次失败，在这种情况下，如果是你，会坚持继续努力吗？你会不会说"我失败了"？然而，林肯没有服输。1854年，他竞选参议员，失败了；两年后他竞选美国副总统提名，结果被对手击败；又过了两年，他再一次竞选参议员，还是失败了。

无论遭遇多少次失败，林肯从未放弃自己的追求，终于，1860年，他当选为美国总统。

林肯在竞选参议员失败后曾说过这样一句话："此路艰辛而泥泞。我一只脚滑了一下，另一只脚也因此站不稳。但我缓口气，告诉自己'这不过是滑一跤，并不是死去而爬不起来'。"确实，一次失败并不会让你一无所有，相反，因为内心的忍耐力，会让你得到宝贵的经验去开始下一次尝试。

曾有人说:"成功的人生是痛苦与失败的交织,是磨难与顺利的交替。"命运赐给我们机遇和幸福,同时也带给我们缺憾和困难,如果我们缺乏应有的忍耐力,在痛苦与困难面前低了头,那我们也将失去机遇和幸福。因此,面对生活中的挫折和困难,不要畏缩自卑,不要怨天尤人,而是用坚强的意志和刚毅的态度对待磨难,用豁达的心态来对待生活,这样我们就会多一点希望,收获多一些幸福。

20岁出头的小敏,不但聪明而且漂亮,成绩一直非常优秀,高中毕业后便顺利进入日本的大学预科学习日语。当时,小敏从报纸上了解到日本长崎国际大学的国际观光专业享誉世界,而她的梦想就是趁着年轻,走遍世界,所以日本长崎国际大学成为了她的目标。为此,小敏除了努力学习日语外,也在急切地等待着大学的录取考试。

就在考试前夕,为了缓解压力,学校放假三天。与其他同学一样,小敏也回到了老家。闻讯后,父亲去机场接小敏,就在父女二人快到家的时候,一辆大货车在超车时,突然将他们的摩托车撞翻,父亲被撞出十几米远,当场就昏迷不醒,更严重的是小敏,她的整条右腿全部被货车的后轮碾过,左腿则被车轮严重挤压。

经过医院的救治，小敏的父亲痊愈了，但小敏却失去了右腿，父亲深感后悔和自责。面对此情此景，小敏没有任何抱怨，更多的是对父亲的理解和感恩，她对父亲说："活着就是幸运了，就算我失去了右腿，我也不能趴下，爸爸，我要继续学习，考上大学，然后去周游世界，因为我还年轻，你说是吧，你相信我吗？"

听完这些，父亲泪如雨下，他紧握小敏的手说："好女儿，你一定可以的，一定能完成周游世界的梦想，爸爸背着你一起旅游！"

看看年轻的小敏，未来才刚刚展开，不料一场横祸却几乎毁掉了她的前途，但她却没有失去信念，她要用坚强描绘她的青春，续写她的生命。

坚强是支撑我们人生的重要力量，是我们做人的信念，而信念又是坚强的心理支点。记住，"跪着虽不会跌倒，但可能被践踏"。遭遇困苦时，我们不可怨天尤人、萎靡不振，向命运妥协，而应坚强面对。纵使艰难险阻，一片丹心不改，仍然顽强前行，这才是年轻的我们应拥有的无畏与豪迈！

对我们年轻人而言，前行路途漫漫，而挫折在所难免，也许就此夕阳西沉，也许黑夜之后旭日东升、朝霞满天。抉择与等待是痛苦的,若只是停滞不前,没有坚强的信念,是熬不过寒夜,等不到天明的,唯有坚强,才能在漫漫长夜之后看到东升的旭日!

第三章

与抑郁对抗：用积极的心态解开抑郁的枷锁

生活中，一提到抑郁症，大家都认为它是洪水猛兽，而其实，忧郁是人们常见的情绪困扰，抑郁不过是一场"精神感冒"，常常伴有情绪低落、郁郁寡欢、思维迟缓、兴趣丧失、闷闷不乐、缺乏活力、反应迟钝等症状。另外，抑郁症患者常有一种重要的情绪体验——无助，长期的无助感，也就是习得性无助，是抑郁症形成的重要原因，长期抑郁会使人的身心受到损害，使人无法正常地工作、学习和生活。为此，当我们出现自卑无助的消极情绪后，就要注意调节，从而从已有的抑郁状态中解脱出来。

什么是抑郁症

关于人类的心理健康问题，有一项统计显示，在美国，抑郁症的患病率与20世纪60年代相比，已经高出足足10倍，抑郁症的最早发病年龄，也从20世纪60年代的29.5岁下降到今天的14.5岁。

那么，什么是抑郁症呢？

抑郁症是当今社会最常见的一种心理疾病，最主要的临床特征是连续且长期的心情低落，是现代人心理疾病最重要的类型。

临床可见，心情低落和现实过得不开心，情绪长时间地低落消沉，从一开始的闷闷不乐到最后的悲痛欲绝，继而自卑、痛苦、悲观、厌世，感觉活着每一天都是在绝望地折磨自己，消极、逃避，最后甚至有自杀倾向和行为。

严重的抑郁症患者患有躯体化症状，如胸闷、气短等，患者每天什么都不想做，只想躺在床上，更严重者会出现幻听、妄想、多重人格等精神分裂症状。

抑郁症一旦发作，可持续两周以上时间，甚至达到一年乃至几年，而且在病情缓解后还会有复发的倾向。

心理医生指出，生活中，当我们有如下三大主要症状——情绪持续低落、思维迟缓和运动抑制的时候，我们一定要引起重视，这表明你抑郁了。抑郁会严重困扰人们的生活和工作，给家庭和社会带来沉重的负担。它赶走了我们的积极情绪，使我们对周围的人丧失了爱。我们感到自己死气沉沉，缺乏生气。正如某个抑郁病人所说的："我感到自己是一个空壳。"约15%的抑郁症患者死于自杀。有个抑郁症痊愈者曾这样陈述自己的经历：

"我从不认为自己很差，从整体上讲，我不认为自己很糟糕，但我觉得自己像'白开水'。我感觉自己既不是很可爱也不是不可爱，我觉得自己没有任何特别的地方。小时候，我常受到父母的忽视，他们从未虐待过我，也没有关注过我。由于生活中没有人在乎过我，这使我产生了空虚感。"

很明显，如果我们长期被抑郁的情绪控制的话，生活将会失去光彩。抑郁的表现形式各有不同，但具体来说，有以下表现：①很多时候感到心情沮丧；②感觉疲惫；③悲观或漠然（对现在和将来的任何事情都毫不关心）；④对于以前的兴趣爱好突然间失去兴趣；⑤无法解释的疼痛（甚至身体上没有任何毛病）；⑥体重急剧增加或急剧下降；⑦有罪恶感或无用感；⑧难以入睡或者过度嗜睡；⑨经常莫名地有死亡的想法。

那么，抑郁出现时该怎么办呢？

其实，作为患者，自己可以做心理调节来改善心理状态。

考研的成绩下来了，小林只差了一分，被清华大学拒之门外。当他得知这个消息的时候，心痛得说不出话来。这一年，他付出了太多的努力，最终却以这样的结局收场。他有些接受不了这个事实，接连几天，他的心情糟透了，甚至一度吃不下、睡不着。

一个偶然的机会，小林接触了一个做心理咨询的朋友，知道了自我暗示静心的方法。想到自己的情绪越来越暴躁，而自我暗示听上去正是对症下药，小林真心诚意地请教朋友。

正好，小林一家租住的房子旁边有一个国家森林公园，学习了自我暗示的方法以后，小林经常早起去公园中静坐一会儿。在森林公园里，远离了闹市的喧嚣，空气特别清新，尤其是早晨，花花草草都羞涩地探出小脑袋，小鸟的叫声都显得尤其清脆。小林喜欢在对着湖水的草地上静坐，依偎着大树，还能听到池塘中小鱼儿吐泡泡的声音，心中很安静，很踏实，那种感觉堪比住在依山傍水的别墅。如此坚持了一段时间，小林的心境变得越来越平和，他又找回了考试之前的信心，他坚信，在其他学校读研，只要努力学习，一样能学到真知识。

从这个故事中，我们不难发现，让自己安静下来，学会自我暗示，是改善心理状态、提升自己的好方法，它还能让我们看清自己，让我们放下昨天的压力，重新面对明天。

当然，如果抑郁已经达到了抑郁症的程度，还是应该寻求心理医生的帮助。然而，我们发现，很多抑郁者在患病后，会选择偷偷吃药而不会公开病情，就是因为他们对抑郁症的认识不足，将它误认为神经衰弱、精神分裂。而对患者投以冷眼或歧视，背后传播流言蜚语等行为，也会让那些本已伤痕累累的心灵雪上加霜，不敢袒露自己的苦闷。

可见，我们每个人，都要对抑郁症引起重视，并在日常生活中要学会做好心理调节，改善自己的心理状态，才能远离抑郁症，远离心理健康威胁。

抑郁来自长期的习得性无助

从前文我们已经知道,"习得性无助"是美国心理学家塞利格曼1967年在研究动物时提出来的一个概念,后来他将这个实验也运用到了人的身上,他发现,"习得性无助"在人身上也同样会发生。最可怕的是,人在一个情境中形成的"习得性无助"还会迁移到其他情境中。例如,你考试成绩不好,下次你去栽花,你会觉得自己也做不好,花一定会死的,再下次让你去推销,你也觉得自己做不好,一件产品也卖不出。

为什么会出现这样的结果呢?因为"习得性无助"的形成通常来说遵循这样一个过程:频繁体验挫折→产生消极认识→产生无助感→出现动机、认知和情绪上的损害。这种习得性无助,会让我们丧失对幸福的感知力。正是我们自己创造了自己的疾病,长期处于消极的病态思维下,本身就是抑郁的一种。

我们再来看看抑郁症的形成过程:长期的失败→习得性无助→怀疑自己→自我评价低,缺乏自我认同感→无法获得群体认同感,环境可能给予一定压力→悲观失落(抑郁症倾向)。抑郁症的表现是持久的情绪低落，严重的有悲观厌世的倾向。

这样看来，我们可以得出，习得性无助是导致抑郁症的最主要原因，因为遇到挫折，非常容易产生无助感、无力感，进而变得内心脆弱、抗挫力低。从而带动起一系列的情绪反应，让人沉浸在这些反应中无法自拔，犹如掉入一口深井，最终，抑郁就形成了。

另外，心理学家认为，抑郁来自长期的习得性无助，对于抑郁症患者来说，他们忽略了一个事实：人的各种需要无须通过他人来满足，自己就能满足自己，特别是成年人！当我们很弱小的时候，我们确实没有办法满足自己的需求，不得已要依赖成年人，但是随着我们逐渐长大，我们的力量越来越强大，越来越具备自我保护，自己满足自己需要的能力，可是很多时候我们还是停留在一个十分弱小，需要别人来照顾和爱护的孩子的状态，这就是一种禁锢，这就是"习得性无助"。举个例子：从小被束缚的小象，由于体力弱小，虽拼尽全力，也不能挣脱那根绳子满足自己自由的需要，久而久之就放弃了，即使成年之后，已经力大无穷，但是它的内心已经认定自己不能挣脱，陷入深深的悲观、绝望、无助，也不再试图挣脱绳子，这就是习得性无助。

所以，要想走出抑郁，必须要内心真正醒悟，要唤醒内心的力量，要醒悟到自己已经不是那个柔弱无力的小孩子了，已经完全有能力满足自己的需要了，可以不依赖别人而活下去！

那么，我们该怎样让自己走出抑郁的泥潭呢？

1. 淡化抑郁情绪

要改变这种状态，重要的是认识到这是抑郁的自然反应。抑郁夺走了你的热情，不是你这个人缺乏热情，而是你所处的心理状态使然。一旦情绪改善，你的热情自然会复苏。但前提是，你要淡化自己的情绪给自己带来的影响，你要告诉自己：抑郁是可以摆脱的。

2. 塞翁失马，焉知非福

抑郁会让你陷入反思和内省，治愈后你可能会达到比以前更高的层次。所以，如果你抑郁了，不要认为自己是不幸的。

3. 制订目标，用自己的行为定义成功

我们在定义成功的时候，尽量不要牵涉到他人的行为。也就是说，哪怕是小小的进步，也值得高兴。例如，你很不喜欢与人交往，但为了锻炼自己与人交往的能力，你制订了一个小目标：下班后约小李一起喝咖啡。如果小李答应，就算目标达成。但其实这种想法是不对的，因为这个目标能否实现取决于小李是否接受你的邀请。你可以控制自己的行为，但不能控制别人的行为。所以你可以这样调整目标：下班后，邀请小李一起喝咖啡，只要开口邀请过，那就成功了。至于小李的反应，并不重要。邀请技巧是另外一个问题了。

根据以上三条，找出你的问题所在，加以改正。相信你一定会战胜抑郁症，生活得多姿多彩。

其实，即使心情抑郁了，你也不必担心，你只要告诉自己，我的情绪感冒了，我的情绪现在正在发烧，还会打喷嚏，现在很痛苦，但只要吃点药就会好的。

挣脱抑郁的罗网，让自己快乐起来

生活中，每个人都有自己的长处，都有值得自己骄傲和珍惜的地方，星星不会因为太阳的光芒而收敛自己的光芒，小溪也不会因为大海的广阔而停止流淌，生活也没有必要因为一点点不如意而整日抑郁。

人，总容易把自己想得很不幸，于是开始为自己没有花容月貌而苦恼；为自己没有财富地位而抱怨；为一场突如其来的疾病而丧失对生活的信心。其实，没有花容月貌，你还有聪明才智；没有财富地位，你还有家庭温情；就算得了重病，你还有机会可以治愈。无论遇到什么，人生总会有一些值得我们庆幸的事，只是抑郁的心情，遮住了蔚蓝的天空，从此，一些人开始用抑郁的眼睛看世界。

抑郁，真的是要不得的心理，越来越多的人饱受抑郁之苦，我们应该及时审视自己的心态，倘若真的有抑郁的苗头，就要快刀斩乱麻，将其扼杀在摇篮里。

有一对姐妹，姐姐玛丽从小就冰雪聪明，乖巧可爱，长大后也如愿做了一名芭蕾舞演员。妹妹瑞秋虽然也长得惹人怜爱，但和姐姐相比，她总觉得自己差了一大截。

连续两次高考落榜后，瑞秋只考上一所名不见经传的专科学校，本来就有些自卑的心从此变得更加抑郁，觉得自己一点都不招人喜欢。

邻居有个大哥哥叫杰克，长得帅，又会打篮球，和姐妹两人是好朋友，瑞秋已经偷偷喜欢他好久了。可是，杰克似乎更喜欢姐姐，因为他经常向瑞秋打听姐姐的事情，为此，瑞秋很伤心。

圣诞夜到了，瑞秋的父母决定举行一次盛大的晚会，邀请所有的亲戚朋友来家里玩，杰克自然也在受邀行列。

晚会当晚，姐姐盛装打扮，吸引了在场所有男士的目光。瑞秋就像是姐姐的影子，没有人注意。

当晚最令人期盼的时刻就是跳舞了，这一刻，每一个男孩子都可以邀请自己喜欢的女孩子跳一支舞。看着一群男孩子争相邀请姐姐跳舞，瑞秋心想：杰克应该也在等待和姐姐跳舞吧！不想看他和姐姐跳舞，瑞秋决定独自一人到花园走走。

"我可以请你跳一支舞吗？"就在瑞秋准备出去的那一刻，她听到一个温柔的声音，抬起头，竟是杰克。

"你为什么不邀请玛丽跳舞,她那么漂亮?"舞池中,瑞秋不安地询问杰克。

"她是很美,但每个人都有自己的美丽之处,她像玫瑰,热情大方,但你像百合,纯洁无瑕。相比于玫瑰,我更喜欢百合。"

"那你为什么经常向我打听玛丽的事情?"瑞秋吃醋地问道。

"傻瓜,那是因为我想引起你的注意。"

自此之后,瑞秋再也不会感到抑郁了,因为她终于明白:每个人都有一片美丽的天空,只是抑郁的情绪遮掉了所有的色彩。

当你心情郁闷的时候,首先要懂得调节自己的心情。你可以约朋友去看一场电影,也可以去看看大海、吹吹海风,又或者给自己放个假去旅游,放松放松心情,再或者找个咖啡店,坐在窗边,看看路上的行人,想想以前开心的事。那样,你就会发现我们的生活到处都是阳光,抑郁就不会在我们心里生根发芽。

自信是抵制抑郁侵袭的一个绝好方法,我们应该善于从自己成功的案例中进行自我肯定,然后激励自己不断挑战新的事物，在紧张和刺激中寻求满足和自我认可。

　　重新审视一下你自己，你有疼爱你的父母，有爱护你的兄弟姐妹，有对你谆谆教诲的老师，有一份安逸稳定的工作，还有一个疼爱你的丈夫，一个可爱的孩子。你拥有了全世界所有的幸福，还有什么理由去抑郁？即使缺少了其中的某一样，但这个世界总归还有让你觉得温馨的情感。

　　生活可以过得很幸福，只要挣脱抑郁的罗网，给自己一个笑脸，世界将五彩斑斓。

敞开心扉是摆脱抑郁的关键

有人说，人生如同一次征途，我们独步人生，难免会面对种种困难，困难面前，我们难免会悲观失望，甚至看不到一点曙光。但如果我们能听到朋友们的鼓励和支持，我们就会重获力量，闯过难关。

专家曾研究过，人际关系不好，性格孤僻或跋扈、有缺陷，容易导致抑郁症，抑郁又会进一步使人际关系恶化，这是一种恶性循环。

很多数据和事实一再说明了这样一个令人感到遗憾和痛心的现象：有心理障碍并想不开的人，大多数没有寻求过心理帮助。生活中多数人回避自己的心理问题，不去勇敢地正视和面对它，没有积极地进行规范治疗，结果导致悲剧事件屡屡发生。

敞开心扉是抑郁患者摆脱抑郁的关键。而抑郁症患者为什么很难做到这一点？因为他们有某种心理上的顾忌，他们不愿意承认自己有抑郁症，更别说积极主动地配合医生治疗了。

很多抑郁症患者在患病后，会选择偷偷吃药而不公开病情，就是因为他们对抑郁症的认识不足，将它误认为神经衰弱、精神分裂，再加社会上一些人对抑郁症患者投以冷眼或歧视，背后传播流言蜚语，让那些本已伤痕累累的心灵雪上加霜，不敢袒露自己的苦闷。

刘女士是个细心的人，她发现7岁的女儿丹丹最近好像有点不太一样，总是闷闷不乐。在一个周末，母女俩又来到公园跑步，停下来休息的时候，刘女士对丹丹说："能跟妈妈说说你最近怎么了？"

"没事。"

刘女士知道女儿没有敞开心扉，于是，继续引导："没关系，你不想说，妈妈也不逼你。但你这样一天闷闷不乐的，不仅影响学习，对自己身体也不好啊。不妨发泄一下。"

"妈妈，其实我特别想哭，真的好委屈。"丹丹眼睛已经湿润了。

"哭吧，你是妈妈的孩子，想哭就哭出来，在妈妈面前没什么丢人的。"

刘女士这么一说，丹丹真的一下子眼泪掉了下来，一边哭一边说："妈妈，我不是转到现在的学校了吗，他们都排挤我，我主动找他们说话，也没人搭理我。有一天，我去卫生间，结果几个女生在里面嘀咕，恰好都被我听到了，为什么她们要这样对我？"

"那的确是她们不对，但丹丹，你想想，人生就是这样，无论我们做得怎么样，总有不喜欢我们的人，对吗？遇到这样不顺心的事，你心里一定非常难过吧。你初来乍到，同学对你可能格外关注，也会产生误解，这都是正常的。随着时间，你一定会认识新的好朋友的。还有，你要记住，妈妈是你永远的朋友，有什么都可以告诉妈妈。不过，你始终要明白，没有一个人是绝对受欢迎的，你不必太在意的。"

"谢谢妈妈，我知道该怎么做了。"

果然，丹丹又和以前一样，脸上总挂着笑容，学习也有劲儿了。

的确，我们所有人，也包括儿童，虽然有一定的抗压能力，但抗压能力是有限的，一旦我们承受的压力过大，很容易产生挫败感，甚至导致习得性无助的产生。而心理学实践表明，把自己遇到的压力、烦恼对别人说出来，有宣泄的作用，因为与别人交谈能让他们分担你的感受，让压力得到分散。

那么，我们该如何向朋友寻求帮助以摆脱抑郁呢？

1.自信交往

孤僻的人一般不能正确地评价自己,要么总认为自己不如人,怕被别人讥讽、嘲笑、拒绝,从而把自己紧紧地包裹起来,保护着脆弱的自尊心;要么自命不凡,不屑于和别人交往。孤僻者需要正确地认识别人和自己,多与他人交流、沟通感情,享受朋友间的友谊与温暖。

俗话说,自爱才有他爱,自尊而有他尊。自信也是如此,在人际交往中,自信的人总是不卑不亢、落落大方、谈吐从容,决非孤芳自赏、盲目清高。他们对自己的不足有所认识,并善于接纳别人的劝告与帮助,勇于改正自己的错误。

2.学习交往技巧

你可以多看一些有关人际交往类的书籍,多学习一些交往技巧,同时,可以把这些技巧运用到人际交往中,长此以往,你会发现,你的性格越来越开朗,你的人际交往能力也会越来越好,同时,你会发现,你会收获不少知识,你认知上的偏差也能得到纠正。

3.找信任的朋友倾诉

找信任的朋友倾诉,他们会为你保密,真心地帮你解开心结。

4.不要为朋友带来困扰

你需要寻求帮助的朋友必须是那些内心坚强的人，如果他比你更容易产生抑郁情绪，那么，你只会为他带来困扰。

5.必要时候应该寻求心理医生的帮助

如果你觉得你的朋友并没有帮助你脱离内心的煎熬，那么，你应该说服自己，让心理医生来为你答疑解惑。

生活中，寻求心理治疗的患者多半有两种情况，一种是自己已经认识到问题的存在，自愿寻求帮助；另一种是在爱人、朋友、父母的支持下来寻求心理医生的帮助，这对于患者的治疗和恢复有很大益处。

总之，了解抑郁，才能更有效地远离抑郁。越早去面对心理创伤，就能越早走出心理创伤的阴影。而摆脱抑郁，最重要的是与别人交流，敞开自己的心扉，这样才能找到病因，对症下药。

转换思维，掌握拥有快乐心态的钥匙

有人说，这世界上存在两种人，划分的标准就是他们对待事物的态度：一种是乐观的人，另一种是悲观的人。乐观的人，他们的脸上总是挂着微笑，似乎没有事情能难倒他们，因此，他们生活得幸福、坦然；而悲观的人，他们似乎总是把眼光盯在事物坏的一面，于是，他们总是感到低迷，整日郁郁寡欢。很明显，悲观的人更容易形成习得性无助，他们常常会有一种无力感，认为自己一事无成，难以想象，这种人在未来会有什么大作为。

有句话说得好："乐观者在灾祸中看到机会，悲观者在机会中看到灾祸。"很多时候，那些在我们看来让我们悲观失望的事并没有那么糟糕，只要我们转换一下思维，我们就会获得快乐的心情。卡耐基曾经遇到过这样一位女士：

这位女士一见到卡耐基，就对他抱怨了很长时间，先是抱怨丈夫不好好工作，接着抱怨孩子学习不努力。总之，她有很多不满意的地方。等她抱怨完了，卡耐基对她说："这位女士，您太追求完美了。"她听到这句话后，非常吃惊地看着卡耐基，过了好一会才说："卡耐基先生，您认为我非常追求完美吗？可我并不这样认为啊！而且像我这样相貌也不好、学历也不高的女人，根本不会去追求完美的。"

卡耐基说："您刚才跟我说过，您的孩子现在上小学四年级，每次考试都能够考出一个不错的成绩。您想一想，这样已经很不错了，您为什么仍然不满足呢？这难道不是追求完美吗？还有您的丈夫，他现在才35岁，就已经有了属于自己的公司，这也很不错了，可您认为不够好，这不也是在追求完美吗？"听了卡耐基的话后，那位女士很长时间都没有说话，最后认同了卡耐基的说法。

其实，生活中有很多这样的人，对于生活、对于人生，他们总是抱着悲观、失望的态度，他们总觉得自己不幸福、对周围的事无能为力，常常被无助感包围，于是，他们的脸上总是愁云密布，其实，如果他们能换个角度，那么，生活中便处处充满美好。就如上文中那位女士一样，在卡耐基的点拨下，她看到了"儿子学习成绩不错""丈夫事业有成"这两点。

马歇尔·霍尔医生曾对自己的病人说过："乐观的态度，

是你最好的药。"所罗门也曾说:"乐观的心态,就是最强劲的兴奋剂。"有一位虔诚的作家,在被人问到该如何抵抗诱惑时回答说:"首先,要有乐观的态度;其次,要有乐观的态度;最后,还是要有乐观的态度。"的确,乐观就像心灵的一片沃土,为人类所有的美德提供丰富的养分,使它们健康地成长。它使你的心灵更加纯净,意志更加富有弹性。它就像最好的朋友一样陪伴着你的仁慈,像尽职尽责的护士一样呵护着你的耐心,像母亲一样哺育着你的睿智。它是道德和精神最好的滋补剂。

有这样一个女人,她是单位里别人眼中最"幸福"的女人。她的幸福,并不是因为她漂亮、物质生活充足,而是因为她脸上永远挂着舒心的笑容。刚结婚那年,她身上就发生了一件不幸的事——因为出车祸,让她腿部落下了残疾。但任何一个同事,坐在她的身边都会有一种非常舒服的感觉,因为你会被她的那种温和、乐观的情绪所感染。

残疾对于一个女人来说已经非常不幸了,两个人所组成的家庭里有一部分不完整了,生活中的风风雨雨就可能会"乘虚而入",但是她的家却是幸福和温馨的。她和丈夫之间的感情很好,他们的生活非常快乐。而这一切都是因为她的心态是平和的，她的人格是独立的。她从来不把自己看作一个残疾人而给丈夫增添更多的心理压力。当丈夫处于事业上的瓶颈期时，她用她乐观的态度鼓励丈夫重整旗鼓，因而她获得了丈夫的主动关怀和爱护，这比自己强迫来的要真实和自然得多，也踏实得多。

故事中的这个女人，即使残疾，也选择了让自己快乐、幸福的人生态度——乐观。有本书上说："思想——能令天堂变地狱，地狱变天堂。"其实生活是快乐还是悲伤，选择权就在你手中……相信自己能做个乐观的、爱笑的人，相信自己能做个神采飞扬的人，你就能快乐。

因此，生活中的人们，无论我们遇到什么事，只有以积极的、阳光的心态看待周围的人和事，才能拥有快乐的心情，这就需要我们学会转换思维，时时心存感激，不忘欣赏生活的美好，保持均衡的生活，让每一天都过得有意义。

也许你的身上曾发生过这样一些事：早上起来打翻了早餐、挤不上公交车、丢了钱财……这些看起来很倒霉，悲观的人或许会为此懊恼一整天，认为老天对自己不公平，结果心里十分不开心，在工作生活中也带着这种郁闷的情绪。但是，这对自己有什么好处呢？反过来，把这些不顺心当作生活中的一部分调味剂，乐观地看待，你或许会有另外一番心情……抱着这样的态度，看待生活，还会有什么不开心的事，还会有什么烦恼呢？

我们可以发现，要想用乐观的态度对待人生，我们就要做到学会转换思维，这样，无论命运给了我们怎样的"礼物"，我们都能将利于自己的局面一点点打开。

第四章

习得性无助与焦虑缓解:放松自我才能勇敢向前

提起焦虑，大家都了解一二，但是对于自身的焦虑，却又总是视若无睹，无知无觉。正因为这样的情况，才导致很多人都备受焦虑的折磨，却根本不知道问题出在哪个地方。事实上，焦虑来源于个体对于当下活动的无力感，认为自己缺乏解决问题和事件的能力，是一种自我逃避情绪。因此，习得性无助会引发焦虑情绪，然而，焦虑在生活中又是无处不在的，我们只有深度挖掘焦虑情绪，才能在焦虑发生时，帮助自己淡化，并找到积极的应对策略。

习得性无助会引发焦虑情绪

前面，我们分析过，对于习得性无助的人来说，在长期的受挫后，他们形成了自我无能的认知，最终导致了他们总是避免失败。例如，对于学生来说，他们会拖延作业；对于成人来说，可能他们只去完成不费力气的任务。心理学家对他们的状态进行了一个总结："懒散、怠慢，有时是破坏性的，与此同时，当无法完成任务、实现既定目标时，他们又会感到焦虑。"实际上，与习得性无助引发的抑郁一样，焦虑也对人们的身心健康有着消极负面的影响。

生活中的你，如果也有习得性无助，那么，你是否经常陷入这种泥潭中无法自拔，你是不是觉得自己压力很大，总觉得自己无能为力？你认为自己已经累得喘不过气来了，但还是没有成果，但越是感到无助，越是没有执行力，时间流逝后，你越是会变得焦躁不安。在这样的情绪下，你会继续采取消极负面的行动，以此来逃避责任，但面对不得不完成的活动，你开始坐立不安、充满焦虑，压力直接扑向你，让人十分难受。我们先来看下面的案例：

媛媛今年22岁，刚大学毕业，和其他大学毕业生一样都缺乏社会和职场经验。在亲戚的介绍下，她进入了现在的这家文化公司工作，她主要负责的工作是稿件文字的校对、修改，还没一个星期，她就觉得压力太大了，领导考虑到她是个没经验的新人，于是给她找了个师父张姐。

张姐经常听到媛媛抱怨："天哪，一百多页，我真的不行啊，什么时候才能弄完啊。"她感到很焦虑，总是唉声叹气，所以效率很慢，修改了一整天，也才改了两三页。第二天，她告诉张姐说："我真的办不到啊，修改一天才只有两三页，算了，你还是找别人吧。"就这样，张姐对媛媛很失望，媛媛自己也感觉这份工作不适合自己，动了辞职的念头。

和媛媛一样，晶晶也刚从学校毕业，辗转了数十场招聘会后，她终于有幸成为一家服装设计公司的实习生，老板是个十分看重新人创新能力的女性。

来到公司的第一天，晶晶就战战兢兢，生怕自己做错事。后来，老板让主管交给她一些设计手稿，希望她在看完这些手稿后给出自己的意见，并写成报告的形式。晶晶明白，这是老板在考验自己，一定不能让老板失望。可是，越是抱着这样的念头,晶晶越是害怕,越是担心万一自己的报告有失水准怎么办。这是一家很知名的设计公司,来公司实习的人也不少,到时候肯定是要让一部分人离开的。带着这样的焦虑心情,晶晶看到那些手稿只会发呆,然后她问自己:"到底该怎么办?"在这样的踌躇下,她一拖再拖,始终没有翻开那些手稿。

从以上两则故事中,我们发现,媛媛和晶晶都产生了焦虑情绪,但产生的原因不同,媛媛认为自己无法完成烦琐的工作任务而选择了放弃,而晶晶则是担心如果工作没做好会让领导失望、会失去工作机会。尽管原因不同,但本质都相同,因为二人缺乏自信、认为自己无能为力,很明显,这都是习得性无助的表现。

可见,无论是工作还是生活中,要减轻焦虑情绪,都要从习得性无助的漩涡中挣脱出来。当今社会,无论我们从事什么工作,都必须要面临激烈的竞争和强大的工作压力,内心自然而然也就会出现焦虑情绪。此时,我们要做的,并不是一味地逃避,而是要找到深层次原因,且找出应对策略,只有让自己积极行动起来,才能真正改变这种状态。

1.认识自己焦虑情绪的存在

其实,很多时候,我们在工作中只是焦躁不安,却并未认识到这一情绪会对自己造成什么不利影响。因此，生活和工作中的我们，一旦发现自己有焦虑情绪，就应该学会自我调节、自我调整，把意识深层中引起焦虑和痛苦的事情发掘出来，必要时可以采取合适的发泄方法，将痛苦和焦虑的根源尽情地发泄出来，经过发泄之后症状可得到明显减轻。例如，当你感到工作压力大、无法释怀的时候，你可以跟领导沟通下，寻求好的解决方式，这样也能避免习得性无助的产生。

2.放松心情，舒缓紧张情绪

如果你面临一个新环境，或者接到一件难度大的工作，不要一直提醒自己这些。有句话是说智者调心，焦虑情绪的产生完全是由于错误的观念和消极的心理状态。

你需要认识到的是，无论你的工作任务是什么，烦恼都无济于事，最主要的还是着手开始，只有这样，你才能逐渐达到目标。为此，你首先要学会放空，让自己专注于身心。那么，什么叫放空？假如把人们的大脑比喻成一个容器，那么，放空就是把这个容器中使你焦虑不安的事情都忘记，或者把那些使你紧张得夜不能寐的情绪统统释放出去，取而代之的是淡然。

3.专注事情本身，淡化焦虑

如果太注重工作的成功或失败，那么，最终的结果只能是你又将工作拖延了，只要你专注于工作本身的特点及规律，专心致志地做好它，你就会收到意想不到的效果。

4.建立自信，相信自己能做好

那些易对工作产生焦虑的人，通常都有习得性无助的特点。遇事时，他们多半会看低自己的能力而夸大事情的难度，而一旦遇到挫折，他们的焦虑情绪和无助心理更为明显。因此，我们在发现自己的这些弱点时，就应该引起重视并努力加以纠正，决不能存有依赖性，等待他人的帮助。有了自信心就不再因焦虑而拖延工作了。

5.与时俱进，努力提升自己的能力

一个人只有保持思想、技术上的先进性，才能拥有更强的处理问题的能力，才能在遇事时找到最佳的解决方法，而不至于陷入焦虑的泥潭里。因此，作为一名职场人士，我们要懂得时刻为自己充电，要随时随地地学习，只有这样，你才能有不断提高自己的意识，才有更强的应变能力。

总之，无论我们做什么事，要想真正解决问题，就不能逃避，立即行动起来，无助和焦虑才会无处遁形。

焦虑症如何自我缓解和治疗

在日常生活中我们经常会有焦虑这种心理,心理专家称,焦虑是一种复杂的心理状态,焦虑不仅停留于内心活动中,如烦躁、压抑、愁苦等,还常表现在行为方式上。如果长期处在焦虑的状态下,就会患上焦虑症,焦虑症患者常常表现为工作不能集中精神、坐立不安、失眠或梦中惊醒等。会对日常生活造成很大的影响,如果长期这样的话,还会危害到患者的身心健康,因此大家对于焦虑症的治疗一定要重视起来,而心理医生同时建议,如果病情不是很严重的话,患者可以采用自疗的方法来缓解一下症状。

小文今年十五岁,马上要中考了,她一直努力学习,但最近,她却好像精神恍惚,上课无法集中精神,学习成绩下降,因此,在妈妈的带领下,她来寻求心理医生的帮助。

在心理医生的指导下,小文说出了自己的状况:

"从初中三年级开始,我就出现了心理问题,主要表现为每到考试临近期间，就紧张焦虑，还伴有较严重的睡眠障碍。

我在重点中学学习，自幼有良好的学习习惯，记忆力也很强，遵守纪律，尊敬师长，深受老师的器重。

因为老师器重我，所以只要市里、区里或学校里有竞赛活动，不管是什么竞赛，老师都要选派我去参加。所以，我的学习负担十分沉重，我感到精神压力很大，简直不堪重负。老师当然是一片好心，我也认为应当对得起老师，因而深恐竞赛失利，对各科的学习都抓得很紧很紧。但在心底深处我对这种竞赛性的考试很反感，对数理化的竞赛更是头疼至极。而老师却总是对我说，这是莫大的荣誉，是学校和老师对我的重视。我也只好硬着头皮强记、强学、强练。每逢竞考，"战前"的几天我都要死背硬背、苦练苦算到深夜。

有天晚上，我正在背书，强记第二天竞赛科目的内容，恰逢邻居在请客喝酒，猜拳行令的声音很大，吵得我无法看书，我又急又气，心中烦躁至极。就是从那个时刻，我心头产生了强烈的怨恨：一恨老师总让我参加各种竞考，使我疲惫不堪；二恨隔壁的人整夜吵闹，扰乱了自己的复习；三恨母亲不该让我留在市里读这个使人疲于应付的重点中学。在这种焦虑怨恨的情绪状态下，我一夜都没睡着，第二天在考场上打了败仗。而且从此就经常失眠、多梦，梦中总是在做数理化的竞赛题，要不就是梦见在竞赛时交了白卷。而且，我开始上课集中不了精神，总是开小差，考试成绩也一次比一次差。为此，我很苦恼，我该怎么办？我还要参加中考呢。"

小文的这种情况就是焦虑症，焦虑症即通常所称的焦虑状态，全称为焦虑性神经症。

焦虑症是一种以持久性焦虑、恐惧、紧张情绪和植物神经活动障碍为特征的脑机能失调，常伴有运动性不安和躯体不适感。发病原因为精神因素，如处于紧张的环境不能适应、遭遇不幸或难以承担比较复杂而困难的工作等。

焦虑症患者的病前性格大多为胆小怕事，自卑多疑，做事思前想后，犹豫不决，对新事物及新环境不能很快适应。

焦虑症就是一种常见的心理疾病，长期处于焦虑状态，还会诱发神经衰弱症。那么，我们该如何缓解焦虑症呢？以下是心理医生为我们总结出来的几种自我治疗方法。

1.提升自信，淡化焦虑

自卑者更容易焦虑，要缓解和克服焦虑，建立自信是第一步。你应该相信自己，每增加一次自信，焦虑程度就会降低一点，恢复自信，最终驱逐焦虑。

2.积极的自我暗示，降低焦虑程度

自我治疗和心理暗示是治疗焦虑症的最有效的方法，也是最便捷的，我们在日常的学习和生活中，难免会遇到一些让我们不顺心的事。此时，也难免产生负面情绪，遇到这种情况，我们就要进行积极的自我暗示：我是自信的、我能处理好突发事件。通过暗示，每多一点自信，焦虑程度就会降低一些，同时又反过来使自己变得更自信，这个良性循环将帮助你摆脱焦虑症的纠缠。

3.转移注意力，忘却焦虑

焦虑症的人发病时脑中总是盯紧某一目标，然后胡思乱想，坐立不安，痛苦不堪，此时我们需要转移注意力。如胡思乱想，你可以找一本有趣的能吸引你的书阅读，或从事喜欢的娱乐活动，或进行紧张的体力劳动和体育运动，以忘却痛苦。

4.自我分析疗法，挖掘"病"因

心理学认为，焦虑症的产生，是曾经发生的一些事对自己造成的负面的情绪体验，进而影响到了我们的潜意识。因此，要想改变和消除这些负面的意识，需要我们先剖析自己，找到焦虑产生的原因，或通过心理医生的协助，把深藏于潜意识中的"病根"挖掘出来，在有需要的情况下也可以将内心的不快发泄出来，这样，症状一般可消失。否则，会成天忧心忡忡、惶惶犹如大难将至、痛苦焦虑，不知其所以然。

当然，在心理治疗无效的情况下，就要在医生的指导下服用相应的药物。总之，焦虑症对我们的工作、生活、人际交往等都会产生十分消极的影响。我们必须引起重视，尽早从焦虑的阴影中走出来！

做好最坏的打算能淡化焦虑

生活中，不少人总是担心这个担心那个，让他们焦虑的事实在太多了：要是考试考不过怎么办？找不到工作怎么办？明天下雨怎么办……但如果你总是为这些事情担忧，那么，你势必会殚精竭虑、自生自气。当事情真的发生时，你也会产生极大的无助感，其实，你大可不必如此，凡事大不了有两种可能，无论哪一种都不可能将我们打垮，那么，你还有什么可以担心的呢？

研究发现，很多焦虑症患者患病是有一个过程的，他们的潜意识中长期存在一些被压抑的情绪体验，或者曾经受到过某种心灵的创伤，并且，这些焦虑症状早已通过其他形式体现出来，只是患者本人没有对自己的情况引起重视。因此，生活中的我们，一旦发现自己有焦虑情绪，就应该及时自我调节、自我调整，把意识深层中引起焦虑和痛苦的事情发掘出来，利用适当的方法减轻自己的焦虑症状。

有这样一个故事：

在美国，有个刚毕业的年轻人，在一次州内的体能筛选中，因为表现良好而被选中，成为一名军人。

在外人看来，这是一件值得庆幸的事，但他看起来却并不高兴。他的爷爷听说这个好消息后，便大老远从美国的另外一个地方来看他，看到孙子闷闷不乐的，就开导他说："我的乖孙子，我知道你担心，其实真没什么可担心的，你到了陆战队，会遇到两个可能，要么是留在内勤部门，要么是分配到外勤部门。如果是内勤部门，那么，你就完全不用担忧了。"

年轻人接过爷爷的话说："那要是我被分配到外勤部门呢？"

爷爷说："同样，如果被分配到外勤部门，你也会遇到两个可能，要么是继续留在美国，要么是分配到国外的军事基地。如果你分配在美国本土，那没什么好担心的嘛。"

年轻人继续问："那么，若是被分配到国外的基地呢？"

爷爷说："那也还有两个可能，要么是被分配到崇尚和平的国家，要么是被分配到战火纷飞的国家。如果把你分配到和平友好的国家，那也是值得庆幸的好事呀。"

年轻人又问："爷爷，那要是我不幸被分配到战火纷飞的国家呢？"

爷爷说："你同样会有两个可能，要么是留在总部，要么是被派到前线去作战。如果你被留在总部，那又有什么需要担心的呢！"

年轻人问："那么，若是我不幸被派往前线作战呢？"

爷爷说："同样，你会遇到两个可能，要么是安全归来，要么是不幸负伤。假设你能安然无恙地回来，你还担心什么呢？"

年轻人问："那倘若我受伤了呢？"

爷爷说："那也有两个可能，要么是轻伤，要么是身受重伤、危及生命。如果只是受了一点轻伤，对生命构不成威胁的话，你又何必担心呢？"

年轻人又问："可万一要是身受重伤呢？"

爷爷说："即使身受重伤，也会有两个可能，要么是有活下来的机会，要么是完全无药可治了。如果尚能保全性命，还担心什么呢？"

年轻人再问："那要是完全救治无效呢？"

爷爷听后哈哈大笑说："那你人都死了，还有什么可以担心的呢？"

是啊，就像故事中这位爷爷说的："人都死了，还有什么可担心的呢？"这是对人生的一种大彻大悟。有时候，我们对某件事很担心，但只要我们转念一想，"最差的状况也不过是怎样怎样"，以这样的心态面对，其实就没有什么可担心的了。

正如人们常说的，希望越大，失望越大。若我们怀着适度的期待，则一定不会陷入过度的焦虑。很多人都喜欢给自己制订过高的目标，似乎只有目标远大，人生才能与众不同。实际上，过于远大的、可望而不可即的目标往往会让人坠入无边的焦虑之中。唯有制定适合自己的目标，并达到它，我们才能从实现目标的喜悦中得到自信的满足。

的确，对于生活和工作缺乏控制，是无助和焦虑产生的重要原因。然而，我们要明白，人生在世，很多事我们都控制不了，但我们可以选择自己的心态，以乐观、积极的心态面对，那么不好的机会也会成为好机会。如果用消极颓废、悲观沮丧的心态去对待，那么，好机会也会被看作不好的机会。

尽最大的努力，就没什么担忧的

有人说，人生是一次长途跋涉，旅途中常常有曲折和险阻。如果抱着只希望走一帆风顺之路的心态，而不会转弯的人，恐怕是难以登上人生的制高点的，因为任何人的成功都不是手到擒来。在生活中，你也会遇到一些难题，此时，你难免会产生一些焦躁的情绪，但焦躁对于事情的解决毫无帮助，你只有静下心来，才能冷静地思考解决方法。因此，无论发生什么，你都要记住，做最坏的打算，尽最大的努力，一定要有个好心态，不到最后一刻决不要放弃。

事实上，人们驾驭生活的能力，是从困境中磨砺出来的。与世间其他事件一样，苦难也具有两重性。一方面它是障碍，要排除它必须花费更多的精力和时间；另一方面它又是一种养料，在解决它的过程中能够使人更好地锻炼提高。

我们发现，一些人或满腹经纶，或能力超群，但他们却同时拥有一个致命的弱点，那就是缺乏抗打击的能力，往往一遇到微不足道的困难与阻力，就会产生习得性无助，然后裹足不前，没有韧性，遇硬就回，遇难就退，遇险就逃。因此，终其一生，他们只能从事一些平庸的工作。一个人跌倒并不可怕，可怕的是跌倒之后爬不起来，尤其是在多次跌倒以后失去了继续前进的信心和勇气。不管经历多少不幸和挫折，内心依然要火热、镇定和自信，以屡败屡战和永不放弃的精神去面对挫折和困境，那么，你会不断强大起来。也就是说，无论是淡化焦虑还是克服习得性无助，不遗余力地克服和改变，才是最佳方法。

新希望集团总裁刘永好，曾是一名普通讲师。在他还没有创业时，他也是一个生活不是很富裕的人，后来，他与几位兄弟相继辞去原来的工作，卖掉自己的自行车、手表等一切值钱的东西，凑足1000元人民币，到川西农村创业，办起良种场。

万事开头难，刘氏兄弟的第一笔生意就差点让良种场夭折。当时，资阳市一个专业户向他们预订了10万只良种鸡。由于种种原因，对方后来只要了2万只，剩下的8万只鸡怎么办？打听到成都有市场后，他们连夜动手编竹筐。此后四兄弟每日凌晨4点就动身，先蹬3个小时自行车，赶到20公里以外的集市，再用土喇叭扯起嗓子叫卖。等几千只鸡卖完，拖着疲惫的身体蹬车回家时，早已是月朗星疏了。就这样，十几天下来，四兄弟个个掉了十几斤肉，但所幸的是8万只鸡苗总算全脱手了。

回顾这段经历，刘永好说，"为了创业我投下了一切赌注，所以再苦再难，也要往前走。无论再艰辛，压力再大的事儿，只要沉下心来去做了，这一关就总能挺过来。"

可见，做最坏的打算，并竭尽全力去面对困境，就能找到出路。反之，一个人若是太纵容自己的懒惰和欲望，就很容易迷失方向。

生活中的你，在追求梦想的过程中，可能也会遇到困难，可能你也会选择放弃。但是，请想一下，如果选择了真正的绝望，向所谓的命运妥协了，那么，你就真的彻底失败了；而如果你选择另外一种心态，那么，只要你继续思考，你就有可能绝处逢生。

然而，失败平庸者多，主要是心态有问题。遇到困难，他们总是挑选最容易的倒退之路。"我不行了，我还是退缩吧。"结果陷入失败的深渊。成功者遇到困难，能心平气和地告诉自己"我要！我能！""一定有办法"。

朋友们，人生路上，每个人都会遇到各种各样的困难和挫折。我们将拥有怎样的人生，很大程度上取决于我们面对挫折的态度和勇气，任何时候，我们都不应该放弃，而是要努力尝试。唯有坚持到最后，我们才有可能获得成功，也会因为坚持不懈得到命运的眷顾。

当然，要走出困境，最好的心态是先做好最坏的心理预期，然后不遗余力地克服。

也就是说，要突破困境，绝对不能消极等待，而要在等待中积极寻找突破口，创造条件去克服困难，从而实现从"山重水复疑无路"到"柳暗花明又一村"。

1. 做最坏的打算

我们将最坏的情况考虑在内，往往能帮助我们斩断退路，激发我们一往无前的勇气，同时也能帮我们调整心态，缓解焦虑和压力。

2. 学会转换思维

例如，面对同样半杯水，对于乐观旷达、心态积极的人而言，是："哈，真高兴我还有半杯水！"对那些悲观沮丧、患得患失的人而言，则是："唉，只有半杯水了，这该如何是好呀？"

因此，对那些乐观旷达、心态积极的人而言，无论水满还是不满，两个都是好机会。对那些悲观沮丧、心态消极的人而言，两个都是不好的机会。

的确，人生要一直面临抉择，关键要看你用什么态度去看待这些有赖你决定的无数机会。能够纵观每件事情、每个问题的正反两面或更多面,你将发现内心最深处的恐惧在所有状况明朗之后将会化为乌有。

唯有行动，才能对抗无助和焦虑

在生活中，相信每个人都有自己的梦想或目标，也就是一个指引人们行动的方向，然而，最终能达到自己目标的却是少数，大部分人还是庸庸碌碌一生。究其原因，很大一部分人内心感到无助，正因为如此，他们总是无法做到立即行动，因为他们在行动前，就开始产生焦虑："万一失败了怎么办？"这样永远都不会有什么成功，只会与目标渐行渐远。所有的成功者都必定有着果断的执行力。可能一直以来，你认为自己是个勇敢的人，但一旦到真正可以表现自己勇气的时候，却左右迟疑、不敢付诸实践。其实，这不是真的勇敢。因为勇敢不只是停留在言语上，而是要放手去做的。

同样，在我们现实的工作中，一些人因为害怕承担失败可能带来的后果而迟迟不敢着手做手头上的事，他们宁愿承认自己能力不足，也不愿意承认自己是不够努力，他们为自己寻找各种借口拖延，到最后，他们就能名正言顺地不承担失败的责任。

2007年，美国卡尔加里大学的教授发现，人们拖延行为的产生与害怕失败有一定的关联，一些人因为害怕失败而立即行动起来，但也有一些人因此选择逃避和拖延。

更有趣的是，一些心理学家对那些因为对失败而产生拖延行为的人做了心理评估，经过评估，心理学家发现他们有几个共同点：否定自己、相信宿命、习惯无助。很明显，这些都是消极的心理症状，被这些负面情绪缠绕，怎会有快乐可言？另外，立即实行的后果可能是失败，但始终拖延也是失败，为何不放手一搏呢？最重要的是，很多时候，事情并没有我们想象的那么糟糕，甚至只是我们杞人忧天而已。

尼采说："世间之恶的四分之三，皆出自恐惧。是恐惧让你对过去经历过的事苦恼，让你惧怕未来即将发生的事。"的确，我们任何人只要做到不念过往、不畏将来，就能变得勇敢。

很多时候，消除恐惧的方法只是做个痛快的决定，只要想做，并坚信自己能成功，那么你就能做成。

叶昕今年二十八岁了，刚结婚那几年，她是幸福的。她本来以为找个好人家把自己嫁出去，往后的生活围绕着丈夫与孩子团团转，一辈子也就这样了。但是，当她真的成家以后，却经常感到迷茫,觉得浑身不自在。

更让她感到糟糕的是,婚后的丈夫也好像变了,找了份安稳的工作后,就变得不思进取,每天下班回家后就是打游戏、喝闷酒,这让她打心眼儿里嫌弃丈夫的无能和窝囊,再加上家里的经济条件并不十分宽裕,因此她很不开心,时常唉声叹气。

一个星期天,叶昕的一个好友邀她出去喝咖啡,叶昕向好友诉说心里的烦恼,埋怨自己嫁错了人。好友善意地提醒她:"如果你总想着让老公多赚外快,增加收入,那么你恐怕很难感到快乐。既然你自己有理想、有能力,为什么不干脆自己创业或者努力工作呢?"这番话点醒了叶昕,她仔细一想,觉得好友的话十分在理,于是她开始留意身边的各种机会。

半个月后,邻居准备转让一家餐馆,她就动了心思,打算把餐馆接过来。当时,丈夫和婆婆都不同意,觉得她一个女人能干成什么事。再说,她也缺乏经营经验,而且事情太繁杂,怕她遭罪。但叶昕坚持接了下来,很快,因为经营有道,她的生意红红火火。

尤其让她感到高兴的是,因为她打开了自己人生的新局面,丈夫也不再游手好闲,时常来帮她招待客人,管理餐馆的大小事务。在工作中丈夫也开始奋发向上。丈夫常感激她,说她让自己找准了人生方向，就像周华健唱的那首歌——"若不是因为你，我依然在风雨里飘来荡去，我早已经放弃……"

如今的他们，在生活中能够互相交流自己的想法和意见，感情也比从前更加融洽了。

这就是一个聪明女人不甘于现状，用自己的能力改变现状的典范。刚开始，她围着丈夫和孩子转，她原本以为这就是幸福，但实际上，这并不是她要的生活，她很快发现自己过得并不快乐，在闺蜜的提点下，她很快找到了努力的目标。事实证明，她有能力经营好自己的事业、自己的幸福，她与丈夫的感情也比以前更加亲密、融洽了。

因此，我们发现，其实，消除焦虑、立即行动乃至获得成功的钥匙就掌握在我们自己手中，只要我们积极主动一点，那么，幸福与快乐触手可及。在做事的过程中，一些人总是担心失败后的情况，因此产生了不必要的焦虑和拖延行为，但实际上，我们没有必要去预料明天，我们要做的就是把握当下。

承认和接纳焦虑，才能从容面对生活

现代社会，有多少人不焦虑呢？我们为生存问题焦虑，为工作压力焦虑，为未来焦虑，曾经有心理学家认为，焦虑之于人，就像空气一样如影随形，拒之不能。但是焦虑又与空气有所不同，即焦虑会随着人们情绪状态的改变而随意蔓延。例如，当你心情愉悦时，焦虑会消失得无影无踪。相反，如果你心情烦躁、郁郁寡欢，则焦虑也会变本加厉，甚至侵占你整个心灵。在了解焦虑的特性之后，聪明人当然不会放任焦虑肆意蔓延，而是会努力控制自己的情绪，遏制焦虑的发展态势。

然而，却很少有人意识到自己的焦虑，大部分人任由焦虑伤害自己，但也有一些人，他们一提到焦虑，就如临大敌，仿佛焦虑是多么严重的瘟疫，一旦沾染上就无法清除。如此两极分化的态度，让人惊讶。对于焦虑是否值得人们担心，回答当然是肯定的。但对焦虑过分担心也是不可取的。

实际上，焦虑根本不像我们想象的那么可怕。焦虑也是人的正常情绪之一，适度的焦虑还能刺激人们更加积极奋进，也帮助人们以更好的状态接受新鲜事物。当然，过度焦虑则会让人坐卧不安，心神不宁，甚至影响正常的工作和生活。在这种情况下，我们首先要做的就是接纳和承认焦虑，然后才能把握好焦虑的度，才能防止焦虑的负面作用发生，尽量使其发挥正面作用。

小陈在医院上班，她从卫校毕业以后，就一直当护士，而她这一干就是二十多年，现在她已经四十多岁了。今年，医院要进行人事变动，老护士长退休，她自然而然成为新任护士长，以她的经验和资历，这是当之无愧的。然而，小陈是个对自己要求很高的人，尤其是对工作，现在成为护士长之后，难以避免更加努力工作。她要求每一名护理人员都要达到最高的卫生标准和护理标准，这让护士们全都叫苦不迭。

小陈上任之后，医院接连几次在卫生局的检查中都表现突出。为此，院长对于小陈的工作表现也很满意。然而，渐渐地，关于小陈的流言就传出来了，小护士们私底下都称呼她为"灭绝师太"。

对此，小陈有所耳闻，却难以改变自己。她有完美主义情结，凡事都要求做到尽善尽美，是一种典型的焦虑症。每次交代给护士们的工作任务，她总是要反反复复检查好几遍，而且要再三询问和确认。为此,护士们都对她意见很大。在这种情况下,小陈开展工作也增加了难度,和同事之间的关系也失去了曾经的和谐融洽。在年终的评选上,小陈的得票居然很低,这让对她的工作非常满意的院长大跌眼镜。

在得知事情的原委后,院长语重心长地说:"小陈啊,当领导并非只要以身作则、认真严肃就行,还要学会与同事们搞好关系,让他们快乐地完成你交代的工作,达到你的标准。而且,生活总不会是无菌的,你也不要过于焦虑。只有放宽心,坦然从容,才能让这一切都水到渠成。"

院长的话,让小陈陷入深思。她告诉自己:"也许只有摆脱焦虑、学会放手的领导,才是真正的好领导,也才能真正适应这个管理岗位。"

从本质上来说,所谓焦虑,指的就是对即将发生的事感到恐惧,这是一种对当下和未来之事缺乏把控的感受,是一种习得性无助的表现。当然,也有少数人会为已经发生的事焦虑,这是一种综合情绪,轻微的焦虑不足为奇,我们生活中的大部分人也都有轻微焦虑的体验,但是如果严重焦虑,就会影响生活和工作了,一些人如果因此而失眠,那就是严重的焦虑状态了,必须引起足够的重视。通常情况下,生活中的焦虑都是一过性的。例如，当你因为即将到来的考试而焦虑，等到考试结束就会觉得身心轻松；如果你因为即将举行婚礼而焦虑，那么等到婚礼结束也会变得从容。由此可见，很多焦虑是因为某些事件即将到来引发的，完全无须担心。

既然焦虑无处不在，我们与其因为焦虑变得更加烦躁，不如坦然接受焦虑，淡定从容地应对焦虑。

如果每个人都把心中的焦虑情绪列成一个清单，那么全世界人的清单一定能围绕地球无数圈。毋庸置疑，每个人都有很多焦虑，甚至可以说生活就是一个又一个焦虑。既然如此，不要再抗拒焦虑，而要采取正确的态度面对焦虑，这样才能坦然从容地生活。

掌握随时随地淡化焦虑、放松自我的方法

在前面，我们已经提及，焦虑情绪从本质上说就是源于对当下或未来的活动缺乏掌控而产生的无助感。当事件发生时，一些人认为自己不具备解决和处理问题的能力，因此，焦虑便产生了。事实上，焦虑并不是某个人或者某些群体才有的心理状态，在我们的生活中，不少人容易焦虑，总是为这个担心，为那个操心，又害怕明天，恐惧未来。适度焦虑能让我们产生紧迫感，然而，过度焦虑，很有可能对我们的工作和生活产生影响，甚至产生心理疾病。为此，很多心理学专家给出建议，如果你是个容易情绪紧张的人，那么，在做事前最好先放松自己，最重要就是要把注意力从自己身上移开，为此，你可以做一些放松身心的活动。

杨女士是一名律师，她的工作就是穿梭于各个法庭，替当事人辩护，自然免不了要经常在众人面前发言。虽然对于自己的工作已经十分熟悉，对于那些辩词，可以说，杨女士甚至

已经能背下来了，但是每次上庭前，她还是莫名地紧张。这几年，杨女士逐渐摸索出了能帮助自己减轻紧张感的方法：平时没事的时候，她会在网上搜集一些小笑话，然后存在自己的手机里，到开庭前，她就拿出来看，那些小笑话能让杨女士开怀大笑，她心里所有的不安也就烟消云散了。

和故事中的杨女士一样，很多心理素质好、情绪管理能力强的人，也容易产生焦虑，但他们都有属于自己的调节方法，杨女士使用的就是幽默放松法。在生活中，如果你是容易焦虑的人，或者为了减轻做事前的焦虑感，我们可以寻找一些减低焦虑情绪的方法，只有放松了自我，才能自如地发挥。那么，怎样才能放松呢？这里，经验丰富的人为我们分享了几个有用的方法：

1.深呼吸

呼吸调节法，采用这种方法可以消除杂念和干扰。当自我感觉十分焦虑和紧张时，有意识地通过控制呼吸控制自己的情绪。

具体做法是：脚平放，双臂自然下垂，轻轻闭合双眼，注意自己的呼吸，静听空气流入、流出时发出的微弱声音。

然后，以吸气的方式连续从1数到10，每次吸气时，注意绷紧身体，在头脑中想象出数字，在呼气时说"放松"，并在头脑中再现"放松"这个词，这样循环下去。注意放慢节奏，尽量保持身体的放松，直到你感觉自己已经平静下来。

平时，你也可以通过这样的方式有意识地放松自己，这样，能有效地降低并控制自己的紧张和焦虑情绪。

2.均衡运动，活动一下身体的一些大关节和肌肉

均衡运动是指有意识地让身体某一部分肌肉有规律地紧张和放松。例如，我们可以先握紧拳头，然后松开；也可以固定脚掌，压腿，然后放松。做肌力均衡运动的目的在于让你某部分肌肉紧张一段时间，然后你不仅能更好地放松那部分肌肉，而且能更好地放松整个身心。你需要注意的是，做的时候速度要均匀缓慢，动作不需要有一定的模式，只要感到关节放开，肌肉松弛就可以了。

3.想象美好的景物

闭上眼睛，去想象一些恬静美好的景物，如蓝色的海水、金黄色的沙滩、朵朵白云、高山流水等。

4.收集笑话，建立自己的"开心金库"

平时多收集一些笑话，在重大事务前想一想最好笑的，让自己开心起来。经研究，笑能很快地使神经放松。

5.把注意力移开

在考试前,老师会给出一些建议:对于那些不会做的题目,可以先转移注意力,回避这个一时解答不了或暂时回忆不起来的问题,当其他问题解答完之后再回过头来"重新"思考回避的问题。这种做法可以使优势兴奋中心得以转移。

同样,在做其他事前,你也可以休息片刻或者活动一下四肢、头部,来调节中枢神经系统,从而使抑制状态得到缓解。

你也可以将注意力集中到一些日常物品上。例如,看着一朵花、一点烛光或任何一件柔和美好的东西,观察它的细微之处。

当然,要想真正消除焦虑心理,从根本上来说还是要降低对自己的要求。一个人如果十分争强好胜,事事都力求完美,事事都要争先,自然就会经常感觉到时间紧迫,匆匆忙忙。而如果能够认清自己能力和精力,放低对自己的要求,凡事从长远和整体考虑,不过分在乎一时的得失,不过分在乎别人对自己的看法和评价,自然就会使心境松弛一些。

第五章

习得性无助与自信培养：积极的自我评价，让你信心满满

心理学家认为，自卑是一种消极的自我评价或自我意识，自卑感是个体对自己能力和品质评价偏低的一种消极情感。自我肯定是自信、勇者的表现，是发现自我价值、激发自身潜能，改变人生轨迹的必由之路。任何人，不会天生自卑，自卑往往来源于后天反复的失败经历，并最终形成习得性无助。事实上，一个人，只有积极肯定自己、正视自己、提升自己，才能给自己的心灵带来能量，并真正克服习得性无助和自卑心理，才能拥有远大的志向和抱负，最终成就一番大业。

自卑来源于习得性无助

我们都知道,在刚出生时,我们都是一张白纸,并没有谁美谁丑或者谁穷谁富的概念,只是随着我们逐渐成长,一些人开始因为长相而自卑,一些人因为贫穷而自卑……自卑的原因多种多样。事实上并没有人告诉你长得怎样才算美,长得怎样才算丑;也没有人制订一个标准,判定拥有多少财产算富有,拥有多少财产才算贫穷;更没有人说你身高超过多少才算高,低于多少才算矮。但是为什么即便是同样贫穷的两个人,一个人羞于提及,一个人却能淡然处之呢?为什么长相身高相似的两个人,一个自信大方,一个却深以为耻?其实,这背后的原因正是习得性无助。

产生习得性无助的人会有就算努力也是没有结果的心理,面对生活会很消极。他们遇到无法实现的事情往往只会从自身找原因,觉得是因为自己做得不够好。同时,即使只是学习或生活中的一件小事,他们也会觉得这件事影响到了他的整个人生,并且认为这件事无法解决,从而觉得自己人生无望,这就导致了自卑心理的出现。然而，我们都知道，自信是人生成功的基石，一个人总是自卑消极，他的人生很难有什么成就，他的生活也是黯淡无光的。

因此，有自卑心理的人，先要自我检查，是否沾染了习得性无助。如果有，你需要这样破除。

1.正确认识自己，接纳自己

一个人要对自己的品质、性格、才智等各方面有一个正确的了解，方可在生活中游刃有余。除此之外，不要讨厌自己，一个人不要看不到自己的价值，只看到自己的不足，认为自己什么都不如别人，处处低人一等。

2.学会正确与人比较

拿自己的短处跟别人的长处比，只能越比越泄气，越比越自卑。一些人因为学历不如人、能力不如人，便产生"无用心理"，就是这个原因。

3.鼓励自己，给自己打气

也许现在你正在做一件难度很大的事，你会承受来自各方面的压力，你可能怀疑自己，你也想过放弃，但你必须要坚持下去。在给自己制订计划的过程中，也要给自己打气，最终，你会看到成果。

4.摒除那些消极的习惯用语

这些消极的习惯用语一般有：

"我好无助！"

"我该怎么办？"

"我真累坏了！"

……

相反，我们可以这样说来激励自己：

"忙了一天，现在心情真轻松！"

"上天，考验我吧！"

"我要先把自己家里弄好。"

"我就不信我战胜不了你！"

人的潜力是无穷的，如果你对自己有足够的信心，你就会发现自己原来拥有这样的潜力，原来自己可以做到许多事情。如果你想有个辉煌的人生，那就把自己打造成你心里所想的那个人，让一个积极向上的自我意象时时伴随着自己。

虽然我们不得不承认，我们与他人在很多方面的差距是与生俱来的，如长相、身材、家境等。但是，通过后天的努力，我们依然可以改变很多，如个人能力、阅历等。生活中，一些人面对与他人的差距，会怨天尤人，但抱怨并不能改变这种差距。而你要缩小这种差距，甚至超越他人，就必须挖掘自己内心的力量——自信。设置与把握正确的人生目标，以及运用这些能量向着我们所设定的目标努力。只有这样，才能达到一种心理平衡。但这不仅仅是一种心理平衡，在富有耐心而坚毅的努力过程中，我们会比别人更珍惜时间、更有执行力，久而久之，你将逐渐显示自己的优势，超过别人，超过那些我们以前自以为不如他（她）的那些人。

人世中的许多事，只要想做，并坚信自己能成功，那么你就能成功。因此，我们也不必再因自卑而拖延工作、止步不前了，怀着你一定能做到的信念，立即行动吧，相信你能看到努力做事的成果。

如何运用心理学方法克服自卑

心理学上有个著名的名词——"自卑",所谓自卑,指的是个人体验到自己的缺点、无能或低劣而产生的消极心态。

奥地利心理学家阿德勒指出,对优越感的追求是所有人的通性。他认为,促使人类作出种种行为的,是人类对未来的期望,而不是其过去的经验。这种目标虽然是虚假的,却能使人类按照其期待,作出各种行为。个人不仅常常无法了解其目标的用意为何,有时他甚至不知其目标何在,因此,这种目标经常是属于潜意识的。阿德勒把这种虚假的目标之一称为"自我的理想",个人能借之获得优越感,并能维护自我尊严。

然而,自卑往往阻碍了人们对于优越感的追求,我们每个人,都或多或少有一些自卑情结。表现为两个极端,一种是为了求得他人认同而拼命表现自己,展示自己,来掩盖内心的自卑;另一种是害怕不如别人,所以拼命地逃避,表现为完全放弃自己,否认自我能力。两种表现有其各自的语言风格,前者是:我必定能战胜对手!我一定行的!我很优秀!后者是:

我不行，我不敢，我不愿意做。对于后者，我们可以说，其根源是习得性无助，对于这样的人来说，任何事在未进行之前，他们已经给出了定义，认为自己一定失败，最终，他们真的失败了。

事实上，要想克服内心自卑，我们必须要认识到，没有人是毫无缺点的，只是在我们的内心，这个缺点的份额大小不尽相同。如果我们将缺点无限放大，那么，它将会腐蚀我们的心，阻碍我们成功；而如果我们能正视缺点，并在心里把缺点限制在一定的范围内，它就会成为我们努力和奋斗的催化剂，助我们成功。

1942年，在英格兰，伟大的科学巨人史蒂芬·威廉姆·霍金出生了，还不到20岁的时候，他患上了不治之症——肌肉萎缩症。此后，他整个身体能够自主活动的部位越来越少，以至最后被永远地固定在轮椅上。但这并没有阻碍他继续学习和科研，他一直以乐观的态度和坚强的毅力，一次次攀登科学的高峰。

霍金毕业于牛津大学，毕业以后，他长期从事宇宙基本定律的研究工作。他在所从事的研究领域中，取得了令世人瞩目的成就。

在一次学术报告上，一位女记者登上讲坛，提出一个令全场听众感到十分吃惊的问题："霍金先生，您此生都将在轮椅上度过，您不觉得命运对您太不公平了吗？"

显然，这是一个揭人伤疤的问题，顿时，报告厅内鸦雀无声，所有人都注视着霍金，只见霍金头部斜靠着椅背，面带微笑，用能动的手指敲击键盘。人们从屏幕上缓慢显示出的文字，看到了这样一段震撼心灵的回答："我的手指还能活动，我的大脑还能思考，我有我终生追求的理想，我有我爱和爱我的亲人和朋友。"

说完，报告厅里响起了长时间热烈的掌声，那是从人们心底迸发出的敬意和钦佩。

科学巨人霍金再次向我们证明：即使你满身缺点，你还有可以引以为豪的优点，这些优点一样可以让你自信。的确，生活中，我们都会说，我们不要自卑，要建立自信，大道理谁都会说，但关键是，我们如何才能做到。

在摆脱自卑之前，我们首先要做到的是"承认自卑"，坦然接受自卑情结，因为抗拒对摆脱自卑无济于事。除此之外，我们还需要做到以下几点。

1.运用补偿心理超越自卑

这种补偿，其实就是一种"移位"，即为克服自己生理上的缺陷或心理上的自卑,而发展自己其他方面的长处、优势,赶上或超过他人的一种心理适应机制,正是这一心理机制的作用,自卑就成了许多成功人士成功的动力,成了他们超越自我的"涡轮增压器"。

2.昂首挺胸,快步行走

许多心理学家认为,人们行走的姿势、步伐与其心理状态有一定关系。懒散的姿势、缓慢的步伐是情绪低落的表现,是对自己、对工作以及对别人不愉快感受的反映。步伐轻快敏捷,昂首挺胸,会给人带来明朗的心境,会使自卑逃遁,自信滋生。

3. 学会微笑

我们都知道笑能给人自信,它是医治信心不足的良药。如果你真诚地向一个人展颜微笑,他就会对你产生好感,这种好感足以使你充满自信。正如一首诗所说:"微笑是疲倦者的休息,沮丧者的白天,悲伤者的阳光,大自然的最佳营养。"

我们要明白,站在人生的舞台上,你真实的表演并非为博得别人的掌声,更多的是为了得到自己心灵深处的安慰。

总之,你要随时告诉自己:我是自信的,我是美丽的,我有实力,我的专业能力是最棒的!你必须有自信心,对认准的目标有大无畏的气概,怀着必胜的决心,主动积极地争取!

摆脱自卑，方能实现自我超越

心理学家认为，自卑形成的原因有很多，如我们的外貌、身体缺陷、家庭环境、某方面的能力欠缺等。但总的来说，这些负面的想法都会堆积在我们的潜意识中，无助、消极、焦虑、自卑与习得性无助总是与我们相伴而生，自卑让我们产生无助感，无助带来的听天由命和破罐子破摔又会让我们更自卑，而潜意识拥有无穷的力量，并且不被你察觉。所以，自卑意识的产生并非一日之寒，需要我们逐步更正，逐步建立自信。

1907年，心理学家阿德勒发表了有关由缺陷引起的自卑感及其补偿的论文，而使其名声大噪。

阿德勒认为，由身体缺陷或其他原因所引起的自卑，不仅能摧毁一个人，使人自甘堕落或发生精神病，还能使人发愤图强，力求振作，以补偿自己的弱点。例如，古代希腊的戴蒙斯赛因斯原先患有口吃，经过数年苦练，竟成为著名演说家。有时候，一方面的缺陷也会使人在另一方面求取补偿，如尼采身体羸弱，可是他却弃剑就笔，写下了不朽的权力哲学。诸如此类的例子，在历史上真是多得不胜枚举。

早先，弗洛伊德已经主张补偿作用是由于要弥补性的发展失调所引起的缺憾。受了弗洛伊德的影响，阿德勒遂提出男性钦羡的概念，认为无论男性还是女性都有一种要求强壮有力的愿望，以补偿自己不够男性化之感。

此后，阿德勒更体会到，不管有无器官上的缺陷，儿童的自卑感总是普遍存在。因为他们身体弱小，必须依赖成人生活，而且一举一动都要受成人的控制。当儿童们利用这种自卑感作为逃避他们能够做的事情的借口时，他们便会发展出心理疾病的倾向。如果这种自卑感在以后的生活中继续存在下去，便会构成"自卑情结"。

因此，自卑感并不是变态的象征，而是个人在追求优越地位时一种正常的发展过程。但如果能以自卑感为前提，寻求卓越，那么，我们是能实现自我超越和获得成就的。我们要想获得快乐和成功，第一步要做的就是超越自身某方面不足带来的自卑感。

因此，我们要想获得他人的尊重，要想获得快乐的情绪，首先要做到的就是丢弃自卑的坏情绪。

亨利出生在一个贫穷的家庭，他的父亲是个裁缝，靠给富人做衣服才能勉强维持生计。他的母亲是个洗衣工，专门给有钱人家洗衣服，缝缝补补。每到寒冷的冬天，亨利为了帮助家里节约开支，不得不挎着一个破破烂烂的篮子，四处寻找散落的煤块。为此，亨利感到很难为情，他最害怕的就是被同学们看到，遭到同学们的嘲笑。

有一天，正当亨利专心致志地找煤块时，成群结队的同学看到了他，全都无情地嘲笑他。亨利觉得难堪极了，惊慌之中甚至丢掉了篮子，一个人不顾一切、泪流满面地跑回家。从此之后，他更加自卑、沉默，生活于他，似乎像黑漆漆的煤块一样了无颜色。

一个偶然的机会，亨利读到了一本关于奋斗的书。书中的主人公虽然历经艰辛，备受生活的折磨，却从未放弃希望，直到坚强地经历完人生的所有不幸。亨利对主人公的遭遇感同身受，甚至想到了自己。他暗暗想，假如我也能够这样坚强勇敢，人生一定也会变得与众不同。从此之后，亨利暗暗发誓一定要昂首挺胸，不再畏缩。在又一次提着篮子去给家里捡煤块时，亨利又遇到了那些嘲笑他的同学们。这次，他没有仓皇而逃，而是迎着他们勇敢地走上去。就这样，亨利成功了，他打败了那些孩子们，也找回了自己的尊严。从此之后，亨利奋发苦读，一鼓作气，在战胜内心恐惧的同时，也彻底改变了自己命运的轨迹。

亨利是个穷苦人家的孩子，这样的孩子因为从小就遭到他人的嘲笑挖苦和讽刺，因而总是有些胆小怯懦，甚至非常自卑。幸好，他读到了一本能够启迪他心智的书，他才决心破釜沉舟，为了自己的命运奋力一搏，最终战胜了内心的恐惧，也赢得了成功的人生。

心理专家指出，人们自卑感的产生，很多时候是消极暗示的产物。反过来也就是说，如果我们多给自己积极的暗示，那么就可以提高我们的自信心。

自卑不仅仅是一种情绪，也是一种长期存在的心理状态。有自卑心理的人，在行走于世的过程中，心理包袱会越来越重，直至压得人喘不过气。它会让人心情低沉，郁郁寡欢。因为不能正确看待自己、评价自己，自卑的人常因害怕别人看不起自己而不愿与人交往，也不愿参与竞争，只想远离人群。他们缺少朋友，甚至自疚、自责、自罪；他们做事缺乏信心，优柔寡断，毫无竞争意识，享受不到成功的喜悦和欢乐，因而感到疲惫、心灰意冷。

因此，要消除自卑感，首先就需要我们看到自己的独特之处。每个人都是完全不同的个体，没有任何人是一无是处的，自我认识是一种认知的开始，因为透过自我观察，才能了解自己的专长、能力和才华。这样，你的自信便会不断储备，自卑也就无处遁形。

如果一个人在社会生活中，把自己看得低人一等，没有价值，那么，他就会产生自卑感，做事缺乏胜任的信心，没有主动性和积极性，其结果就是，无论做什么事情都难以保证质量。

自信，是一个人的力量源泉

生活中，我们每个人都希望得到别人的认同与肯定，但是，在别人肯定你之前，你要先肯定你自己。肯定你自己的能力，这是你通往成功路上的一个保证，如果你把自己都否定了，那么别人凭什么来肯定你呢？对于那些有习得性无助的人来说，自我否定是最常见的表现之一，事实上，无论何时，只有充满自信，肯定自己的能力，你才会获得成功。

因此，我们可以说，自信，是一个人力量的源泉，著名作家爱默生曾说过："自信就是成功的第一秘诀。"这句话告诉我们，人的潜力是无穷的，如果你对自己有足够的信心，你就会发现自己原来拥有这样的潜力，原来自己可以做到许多事情。

发明家爱迪生曾经长时间专注于一项发明。对此，一位记者不解地问："爱迪生先生，到目前为止，你已经失败了一万次了，您是怎么想的？"

爱迪生回答说："年轻人，我不得不更正一下你的观点，我并不是失败了一万次，而是发现了一万种行不通的方法。"

正是怀着这份自信，爱迪生最后成功了。在发明电灯时，他也尝试了一万四千次，尽管这些方法一直行不通，但他没有放弃，而是一直做下去，直到发现一种可行的方法为止。

无论做什么事，都有可能遇到困难，在困难面前，患有习得性无助的人会选择放弃；只有少数人能坚持下去，这是因为他们坚定地相信自己坚持下去就一定会取得成功，而大多数人却被暂时的困难和挫折蒙蔽了自己看到希望的眼睛！

我们在生活、工作中有时候会出现一些错误，或许某些权威让我们觉得这些错误是不应当的。但我们不能因为一时的错误便开始怀疑自己的能力，导致我们不敢大胆地行动，其实在这个时候，我们更应该肯定自己。

同样，生活中的人们，你也应该培养自己的自信心，自信的人到哪里都光彩夺目。你要告诉自己：我是最棒的。拥有这样的信念，无论何时，你都能有优秀的表现，都能挖掘出你意想不到的潜力。

1929年下半年的某一天，美国青年奥斯卡在中南部的俄克拉何马州首府俄克拉何马城的火车站上等候火车往东边去。他在气温高达43摄氏度的西部沙漠地区已经待了好几个月，为东方的一个公司勘探石油。奥斯卡毕业于麻省理工学院，据说他已把旧式探矿杖、电流计、磁力计、示波器、电子管和其他仪器结合成勘探石油的新式仪器。现在奥斯卡得知，他所在的公司因无力偿还债务而破产了。奥斯卡踏上了归途，他失业了，前景相当暗淡。消极的心态极大地影响了他。由于他必须在火车站等待几小时，于是决定在那儿架起他的探矿仪器用以消磨时间，而仪器上的读数表明车站地下蕴藏有石油。但奥斯卡不相信这一切，他在盛怒中踢毁了那些仪器。"这里不可能有那么多石油！这里不可能有那么多石油！"他十分绝望地反复叫着。

奥斯卡由于失业的挫折，深受消极心态的影响。他一直寻找的机会就躺在他的脚下，但是他不肯承认，他对自己的创造力失去了信心。那天，奥斯卡在俄克拉何马城火车站登上火车前，把他用以勘探石油的仪器毁弃了，他也丢掉了一个全美最富饶的石油矿藏地。

不久之后，人们就发现俄克拉何马城地下埋有石油，甚至可以毫不夸张地说，这座城就浮在石油上。

对自己充满信心，是成功的重要原则之一。检验你的信心如何，要看在你最需要的时候是否应用了它。奥斯卡由于心中没有自信，所以他就发现不了近在咫尺的矿藏。

自信是成功的前提,自信就是绝对的相信自己。而在现实生活中，如果你让别人来指出你的缺点，相信你会得到很多批评；而让别人来指出你的优点，相信你也会得到很多赞扬。如果我们能运用正确的思维方式，不完全相信听到的、看到的一切，也不因为他人的指责而轻视自己，或许就能坚守本心。

敢于挑战高难度，相信自己的潜力

现实生活中，很多人都想要出类拔萃、卓尔不群，然而面对人生的很多境遇，无论危机、考验，抑或机遇，他们总选择逃避。这是习得性无助的表现，事实上，这种畏缩的应对方式，也根本无法帮助人获得成长。常言道，人生不如意十之八九，这就告诉我们人生的常态是不如意，也是坎坷和挫折。既然如此，我们就要非常努力地去面对人生，不能一味地逃避，否则就会失去对于人生的主动权，也会在人生之中面临更多困境和无奈的局面。

有人说，既然哭着也是一天，笑着也是一天，为何不笑着度过人生的每一天呢？的确如此，如果有选择的权利，一定要笑着度过人生的每一天，这才是积极主动的人生姿态。同样的道理，面对人生的很多困境，既然勇敢面对也是解决问题，逃避畏缩也依然要被动地解决问题，为何不能选择勇敢地接受挑战呢？至少这样还可以占据主动权，也可以在人生的过程中把每一件事情都做得更好，让人生变得更加精彩。这样，我们才能不断体验成就感，才能不断减弱内心的无助感和自卑感，我们才会越来越自信，未来才会值得憧憬和期待。

一位音乐系的学生走进练习室，在钢琴上，摆着一份全新的乐谱。

"超高难度……"他翻着乐谱，喃喃自语，感觉自己对弹奏钢琴的信心似乎跌到谷底，消磨殆尽。已经三个月了！自从跟了这位新的指导教授之后，不知道教授为什么要以这种方式整人。勉强打起精神，他开始用自己的十指奋战、奋战、奋战……琴音盖住了教室外面教授走来的脚步声。

指导教授是个极其有名的音乐大师，授课的第一天，他给自己的新学生一份乐谱。"试试看吧！"他说。乐谱的难度颇高，学生弹得生涩僵滞、错误百出。"还不成熟，回去好好练习！"教授在下课时，如此叮嘱学生。

学生练习了一个星期，第二周上课时正准备让教授验收，没想到教授又给他一份难度更高的乐谱："试试看吧！"上星期的课教授也没提。学生再次挣扎于更高难度的技巧挑战。

第三周，更难的乐谱又出现了。同样的情形持续着，学生每次在课堂上都被新的乐谱所困扰，然后把它带回去练习，接着再回到课堂上，重新面临两倍难度的乐谱，却怎么样都追不上进度,一点也没有因为上周练习而有驾轻就熟的感觉,学生感到越来越不安、沮丧和气馁。教授走进练习室,学生再也忍不住了。他向教授提出这三个月来为何不断折磨自己的质疑。

教授没开口,他抽出最早的那份乐谱,交给了学生。"弹奏吧!"他以坚定的目光望着学生。

不可思议的事情发生了,连学生自己都惊讶万分,他居然可以将这首曲子弹奏得如此美妙、如此精湛!教授又让学生试了第二堂课的乐谱,学生依然呈现出超高水准的表现……演奏结束后,学生怔怔地望着老师,说不出话来。

"如果,我任由你表现最擅长的部分,可能你还在练习最早的那份乐谱,就不会有现在这样的程度……"教授缓缓地说。

从这个故事中,我们发现,我们原以为自己只能在自己熟悉的领域驾轻就熟地表现自己的能力,而事实上,如果我们自信一点,并能将那些压力转化为动力,我们便能挖掘出无限的潜力,甚至可以超水平发挥!

与习得性无助的人相反,一个自信的人,常看到事情的光明面,他们到哪里都光彩夺目。因此,即使现在的你很普通,但你要相信自己,拥有这样的信念,你才勇于接受更高的挑战，无论你做什么，都能有优秀的表现，都能挖掘出你意识不到的潜力。

现实生活中，每个人都有很多机会面临挑战。当挑战来临的时候，是选择放弃，还是选择勇敢地面对，这是每个人截然不同的选择，也必然决定了每个人在处理具体事情的时候会获得怎样的结果。在如今的职场上，竞争越来越激烈，每个人面临的挑战越来越大，但是不要放弃，只有勇敢地突破和超越自己，成就更加优秀和伟大的自己，我们才能真正地突破对于命运的挑战。很多人都喜欢看奥运会，那么一定知道那些运动员之所以能够在体育运动的项目中不断地突破和超越自我，就是因为他们很善于挑战世界纪录的保持者，也很善于挑战自己。正是因为有这种不断地攀登人生高峰的精神和勇气，他们才能发扬体育精神，不断地奋发向上，努力地追求和进取！

自信并勇敢地前进，你就能成为自己想成为的人

爱默生曾说："你，正如你所思。"通过研究那些成功者的成长经历，我们发现他们对自我都有积极的认识和评价，从而产生一种相当的自信。这种自信是一种魔力，即使他们在认清了自己的现状之后，依然能够保持奋勇前进的斗志，而这也是他们必须依赖的精神动力。事实上，他们也曾经历过失败，但他们并不会因此产生负面的自我评价而造成习得性无助，相反，他们会愈挫愈勇，坚信自己能做到。

我们每个人都梦想过自己能成为什么样的人，也许是科学家，也许是医生或者律师，不过，大多数人却只停留在梦想上，而不去实践。事实上，做自己想做的人很简单，只要相信自己，朝着梦想勇敢地奋进，那么我们就真的能够成为我们所希望的那个人。

生活中，有的人梦想着成为明星，有的人梦想着成为富翁，有的人梦想着成为伟人，但是，他们却因为缺乏勇气而与梦想失之交臂。梦想需要勇敢地拼搏，这样我们才能做那个我

们想做的人，在追逐梦想的过程中，我们会遇到许多实现梦想的机会，但却常常由于怯弱和畏惧而放弃了努力，导致机遇一次次擦肩而过。

小米是一位时尚模特，她的容颜在众多佳丽中并不算是最出色的，但是她却凭着自己优雅的气质屡次登上各大时尚周刊的封面。在日常生活中，她总是素面朝天，打扮得像邻家妹妹。她最喜欢待的地方是图书馆。她坦言，自己当初无意间踏入了模特这个领域，耽误了自己的学业，这是她最大的遗憾。因此，她在休息之余，总是会多看一些书，充充电。正是这样内外兼修的她，才能如此自信地站在镁光灯下，迎接人们赞叹的目光。

实际上，小米是26岁才正式走红的，她从来没有隐瞒过自己的年龄，她说："也许我这个年龄是有些晚了，但女人越成熟才越有魅力。当年我也是一个不自信的女孩，不相信自己会成功，觉得自己没有别人漂亮，也没有别人有个性。"小米认为一个美丽的女人首先就要有自信："我觉得自信的女人最美丽，她们容易散发出吸引人的气质，我也经常被有自信的女人吸引，希望自己能够像她们一样。"

当谈到让自己重新拥有自信的原因，小米说那就是相信自己:"我觉得每个女人的美丽都是独一无二的,无论她的外貌如何,只要充满自信,就可以由内而外散发美丽的气息。"

正是小米的自信铸就了她无与伦比的美丽,自信就是她最好的一张脸。正如歌德所说:"你失去了财产,你只是失去了一点;你失去了荣誉,你失去了许多;你失去了勇气,你就把一切都失掉了!"每一个人都要给自己一个准确的定位,然后朝着既定方向勇往直前,从而战胜内心的恐惧。人生是一叶小舟,勇气是引航的灯塔和推进的风帆,没有勇气的人生就像是失去了方向和动力的小舟,只能在生活的波浪中随处漂泊,有可能还会沉没在激流之中。

成功者自信,失意者自卑。一个人只要有自信,那么他就能成为他所希望成为的人。朋友们,无论你想成为什么样的人,从现在起,只要你不断积累信心,然后朝着目标奋进,你就能成功!

自信是对自己的高度肯定,是成功的基石,是一种发自内心的强烈信念。我们需要自信,无论在生活还是工作中,一个自信的人,常看到事情的光明面,必能尊重自己的价值,同时也尊重他人的价值。因为自信是个人毅力的发挥,也是一种能力的表现,更是激发个人潜能的源泉。为此,你需要做到:

1.不断学习,让自己具有硬实力

在今天,素质决定命运。当然,在具备这点后,你就要实事求是地宣传自己的长处、才干,并适当表达自己的诉求,这样才能让别人更加了解你,也能给予你更多机会。

2.不断挑战自己

每一个人,在这个快节奏、高效率的时代,想要脱颖而出,想要进步,就必须要不断地挑战自己。要知道,一个人的能力是需要不断挖掘的,只要我们相信自己、欣赏自己、摒弃自卑,我们就能在职场、事业上不断彰显自己的能力和价值。

总之,我们要记住,自信,使不可能成为可能,使可能成为现实。不自信却使可能变成不可能。一分自信,一分成功;十分自信,十分成功。在经济飞速发展的今天,各种机遇和挑战无处不在。我们不妨自信一点,给自己一个发挥长处的机会,初登舞台,放低姿态;站稳脚跟,慢慢发展;等到机会出现,就一定要大胆出击。有了这种敢于冒险、勇于迎难而上的精神,你才能够创造奇迹。

第六章

习得性无助与挫折克服：将困难踩在脚下，防止无助感的产生

心理学家认为,反复失败后的心灰意冷往往会产生习得性无助,也就是说,面对失败、困难和压力,如果我们不采取积极主动的应对措施,而选择消极逃避,很可能会掉进习得性无助的陷阱中。然而,人生无常,尤其是在追求人生目标的过程中,我们难免失败,那么,我们如何在失败后调整自我、重整旗鼓呢?这就是我们在本章中需要分析的内容。

反复失败后的心灰意冷往往会导致习得性无助

我们都期望行动能带来好结果，正是这种期望，使我们乐于付出、勤于努力。当好结果发生时，我们很快乐，内心也会受到鼓舞，产生自信，从而更加愿意行动，形成一种良性循环。但如果得到的总是坏结果呢，会发生什么？答案是心灰意冷，并且很有可能会导致习得性无助。

我们不得不认识到的一点是，人生苦短，有喜就有悲，有成功就有失败，正如天气有晴有阴一样，阳光不会一直照耀着我们。生命之旅不会一帆风顺，总会有羁绊出现。那些羁绊、那些失败，难免会使我们悲伤，我们行走在人生的路上，要懂得放下，放下那些失败的重担，才能肩负明天的希望，若我们把那些过往都逐个装进行囊，那么，恐怕我们的路会越走越艰难，步子也会越来越沉重。

然而，现实生活中，总有人一味沉溺在已经发生的事情中，不停地抱怨，不断地自责。这样一来，将自己的心态弄得越来越糟。这种对已经发生的无可弥补的事情不断抱怨和后悔的人，注定会活在迷离混沌的状态中，看不见前面一片明朗的人生。

石田退三是日本著名的丰田汽车的缔造者，他的成功并不是一帆风顺的。

年幼的时候，他家境贫穷，根本没钱上学，只得辍学。后来，他去京都的一家家具店当店员，一转眼就是八年。后来，在朋友母亲的介绍下，他到彦根做了赘婿。入赘后，他才知道妻子家没有一点财产，这让他感到有些失望。就这样，他和妻子一起过着贫困的生活，贫困的生活是很无奈的，他只能将新婚妻子留在彦根，一个人到东京一家店里当推销员。而这份工作，名义上说是推销员，其实就和小贩一样，不得不推着车到处推销货品。就这样，他又干了一年多，身体终于支撑不住的他只好离开这家公司，此后，他回到了岳母家。

然而，这似乎并不是他的家，他的岳母总是给他鄙视的目光，他每天都过着被人数落的日子。"你真是个没用的家伙！"周围那些人也这么评价他。他的岳母更是冷嘲热讽。她说："你是我见过的最没有用的人！"这些羞辱气得他眼前发黑，几近晕倒。步履艰难地过了几个月后，他终于承受不了这些沉重的压力，被逼得想通过自杀来解脱。

这天，心情抑郁的他来到了琵琶湖，就在他准备自杀时，却一下子醒悟过来。他想到："像我这样没有用的人应该非死不可。但如果我真有跳进琵琶湖的勇气，为什么不拿这勇气来面对现实，奋力拼搏，打开一条出路呢？我应该尽自己最大的努力，奋发图强，克服重重困难，用坚定的毅力做出一番轰轰烈烈的事业来！"

抱着这样的想法，石田退三找到了活下去的勇气，一股强大的力量仿佛在他体内激荡着。他不再满脸愁容，也不再想着以自杀来解决当下的痛苦，而是搭上了回家的火车。从此，他不再自怨自艾，他托朋友介绍自己到一家服装商店当店员。在这儿，他重新鼓起奋斗的勇气，将忧愁化为力量，用坚定的毅力承受来自各个方面的压力和挫折。

就在他40岁那年，他到丰田纺织公司服务。他不怕艰难，刻苦奋斗，全力以赴地投入工作。对他处事得当的能力、一丝不苟的精神，丰田公司的创业者丰田佐吉大为赏识。在石田退三50岁那年，丰田就派他担任汽车工厂的经理。53岁时，公司将经营的大权交给了他。

正如石田退三后来回忆的，人生就是战场，你要在这战场上打胜仗的唯一法宝，便是斗志和毅力。"我要感谢那些曾经给我压力的人和曾经光顾我的困难。如果没有他们，我不会有今天。"的确，对于石田退三来说，他人生的转机就来自他对周围那些目光的反省，如果没有那场自杀，让他清醒地认识到了毅力的重要性，石田退三恐怕早就命沉琵琶湖了，哪还会有日后在丰田汽车取得的卓越成就呢？

尘世之间，变数太多。事情一旦发生，就绝非一个人的心境所能改变。伤神无济于事，郁闷无济于事，一门心思朝着目标走，才是最好的选择。相反，如果跌倒了就不敢爬起来，不敢继续向前走，或者决定放弃，那么你将永远止步不前。

放下昨天失败的负担才能重新起航。朋友，别以为胜利的光芒离你很遥远，当你揭开悲伤的黑幕，你会发现一轮火红的太阳正冲着你微笑。请用一秒忘记烦恼，用一分钟想想阳光，用一小时大声歌唱，然后，用微笑去谱写人生最美的乐章。

忘记过去的成功与失败，给自己一个全新的开始，我们便会从未来的朝阳里看见另一次成功的契机。别囿于曾经或者眼前的困境，任何时候都要有从头再来的勇气。无论你在人生的哪个时刻被命运拖进黑暗，都不要悲观、丧气，这时，你体内沉睡的潜能最容易被激发出来。放下痛苦才能赢得幸福，放下烦恼才能赢得欢乐，放下忧郁才能赢得开朗，放下悲伤我们才能走出阴影。

　　总之，快乐的人总会给自己创造快乐，悲伤的人也总让自己变得悲伤，不是生活让你怎么样，而是你使得生活怎么样。我们每个人都有自己的快乐，只是需要你去寻找它，那，就是幸福了！

迅速调整自我，开启新的奋斗状态

生活中的你们，是否曾经遭遇过失败？是否意志消沉过？是否奋力一击，但最终还是彻底失败？你的健康是否出现过问题？遇到这些情况，你不要害怕，只要你不放弃，不听天由命，你就不会形成习得性无助，就不能阻挡你达成最后的目标。其实，失败只是我们寻找胜利路途上的一个驿站而已。伟大的成功通常都是在无数次痛苦失败之后得到的。大剧作家兼哲学家萧伯纳曾经写道："成功是经过许多次的大错之后得到的。"

在推销员中，广泛流传着一个这样的故事：两个欧洲人到非洲去推销皮鞋。由于天气炎热，非洲人向来都是打赤脚。第一个推销员看到非洲人都打赤脚，立刻失望起来："这些人都打赤脚，怎么会要我的鞋呢？"于是放弃努力，失败沮丧而回。另一个推销员看到非洲人都打赤脚，惊喜万分："这些人都没有皮鞋穿，这皮鞋市场大得很呢。"于是想方设法，引导非洲人购买皮鞋，最后发大财而回。

这就是心态不同导致的天壤之别。同样是非洲市场，同样面对打赤脚的非洲人，由于一念之差，一个人灰心失望，不战而败；而另一个人满怀信心，大获全胜。

曾经有两个年轻人失业了，他们来寻找拿破仑·希尔，想询问他如何才能变得积极起来。拿破仑说："我记得刚开始时，我供职于一家信息报道公司，这家公司的待遇并不好，不过我已经很满足了。后来，公司因为业绩不怎么样，不得不裁员，像我这样对公司毫无用处的人自然就是在裁员之列了。果然，不久后，我就收到了公司的裁员通知。刚开始，我真是万念俱灰，我失业了，我该怎么接受？但很快，我冷静下来，我发现，离开这个工作岗位是有好处的，因为我不喜欢这份工作，也不会有什么大作为，我只有离开这儿，才能有找个好工作的机会。果然，不久我便找到了一个更称心的工作，而且待遇也比以前好。因此我发现被辞退这件事，确实是件好事。"

拿破仑·希尔总结，把失败转变为成功，往往只需要一个想法紧跟一个行动。我们发现，那些成功者，他们都是勇敢的、理智的，即使遇到了失利，他们也不会退缩，而是能化悲痛为力量，把失利当成提升自己的又一次机会。他们这样勉励自己："我要振作精神，跟命运搏斗，我要把痛苦化为力量，设法有所建树。"在失利面前，我们不如停下来好好想想、歇歇脚步，失利正好给了我们反省的机会，这更利于我们看到自己的不足。

在顺境中多思考，我们能保持清醒的头脑、稳健前进的脚步；在逆境中多思考，我们会找到失败的症结，踏上通往成功的道路。

一朝一夕成功是不可能的，每一个奋发向上的人在成功之前都曾经历无数次的失败。我们需要试验、耐心和坚持，才能汲取经验，得到成功。

竞争激烈的市场中，每天都有公司成立，但每天也有公司停止运营，那些半路退出的人说："竞争太激烈了，还是退出保险些。"真正的关键在于他们遭遇困难时，只想到失败，因此才会失败。

你如果认为困难无法解决，就会真的找不到出路。因此，你一定要拒绝"无能为力"的想法，告诉自己"总会有别的办法可以办到"。

我们的人生就如同大海里的船舶，随时都可能经历风浪，没有不受伤的船，也没有不经历磨难的人生。面对失败，我们不应该一味地怨天尤人和自暴自弃，而应该学会坚强，学会乐观，要学会控制好情绪，更要学会调整自己的心态。保持好精神，拥有好心情，才是至关重要的。

生活中的人们，在我们追求成功、实现人生理想的这条征途上，无论什么情况，都不要自己打败了自己，凡事都往积极的一面看，这样就能顺利克服失败的打击。

无论今天如何,明天的太阳都会照常升起

在生活中,一些人一旦遇到了什么不如意的事情,就觉得自己完蛋了,走到人生的绝路了,于是就开始自暴自弃,甘愿被打败,久而久之,他们便进入了习得性无助的漩涡,而最终,他们也成为了一个彻头彻尾的失败者。其实,这些人是被失意的情绪蒙蔽了自己的眼睛,他们忘记了明天的太阳还会照常升起,他们终日沉浸在失意的痛苦中,最终被这痛苦所吞噬。

人生在世,遭遇困难都是暂时的,这是上天为了给我们更多的考验机会,只要熬过失意的痛苦与疲惫,我们就可以重新扬起生活的风帆。

"二战"后,一位名叫罗伯特·摩尔的美国人在他的回忆录里写下了这样一件事:

那是1945年3月的一天,我和我的战友在太平洋的潜水艇里执行任务。忽然,我们从雷达上发现一支日军舰队朝着我们开来。几分钟后,6枚深水炸弹在我们潜水艇的四周炸开,把

我们直压到海底280英尺的地方。尽管如此，疯狂的日军仍不肯罢休，他们不停地投下深水炸弹，整整持续了15个小时。在这个过程中，有十几枚炸弹就在离我们几十英尺左右的地方爆炸。倘若再近一点的话，我们的潜艇一定会被炸出一个洞来，我们也就永远葬身太平洋了。

当时，我和所有的战友一样，静静地躺在自己的床上，保持镇定。我甚至吓得不知如何呼吸了，脑子里仿佛蹿出一个魔鬼，它不停地对我说：这下死定了，这下死定了。因为关闭了制冷系统，潜水艇内的温度达到40多摄氏度，可是我却害怕得全身发冷，一阵阵冒虚汗。15个小时之后，攻击停止了，那艘布雷舰在用光了所有的炸弹后开走了。

我感觉这15个小时好像有15年那么漫长，我过去的生活一一浮现在我眼前，那些曾经让我烦恼过的事情更是清晰地浮现在我的脑海中——爸爸把那个不错的闹钟给了哥哥而没给我，我因此几天不跟爸爸说话；结婚后，我没钱买汽车，没钱给妻子买好衣服，我们经常为了一点芝麻小事而吵架。

但是，这些当时很令人发愁的事情，在深水炸弹威胁我的生命时，都显得那么荒谬、渺小。当时，我就对自己发誓，如果我还有机会重见天日，我将永远不再计较那些眼前的小事了。

的确，只要生命还在，还有什么难事呢？很多事，在我们经历时总也想不通，直到生命快到尽头时才恍然大悟，如果上天不再给我们一次机会，那岂不是永远的遗憾。可见，一切烦恼对于生死来说都是小事，只要有一颗乐观充满希望的心灵，即使身处磨难重重的地狱，也能够开垦出人生的伊甸园。有了对未来的希望，就能让我们对苦难甘之如饴。

失意的情绪是折磨人的：低落、痛苦、沮丧。稍有不慎，我们就会被这样的情绪牵着鼻子走，在失意的情绪中自暴自弃，绝望地把自己的生命往悬崖上推，最后毁灭自己。当我们遭遇失败时，产生失意的情绪是难以避免的，如果我们沉浸其中，甚至被其蒙蔽，那失意就会如影相随。假如我们换个角度，或者转移注意力，努力摆脱这种负面情绪的困扰，那我们最终会成为一个成功者。

世界上的每个人，都会经历不同程度的困境。困境是生命的一部分，因困境产生的失意情绪也是不可避免的，但是在失意中沉沦还是在失意中崛起，全在于我们自己心中是否时刻充满着希望。所以，当困难与挫折来临的时候，我们应平静面对，不要被失意的情绪蒙蔽了双眼，积极乐观地去处理，只要我们心中怀着希望，那就有了战胜困难的勇气。

与其自怨自艾，不如勇敢地爬起来

我们都知道，人生路上，挫折总是难免的，尤其是在追求目标的过程中，我们得到的不可能全是掌声和鲜花、成功和荣誉，更多的是泪水和挫折。但无论如何，我们都要记住，自怨自艾、破罐子破摔都毫无用处，只能证明自己的懦弱，我们只有坚强地爬起来，才能继续上路，朝着梦想进发。事实上，苦难对每个人来说都是一样的公平，我们只有经历一些失败，才能逐渐增强心理承受能力。面对日后人生路上的种种失败，生活中的种种不如意，也就不会一蹶不振。

不难发现，但凡做出一些成就的人，他们的成功之路都不是一帆风顺的，他们必定会经受一些磨难，吃尽苦头，然后才能等到出头之日，一鸣惊人。在这个过程中，他们不断地忍耐着痛苦与辛酸，精神上的、身体上的，那些痛彻心扉的日子，他们咬着牙，将血吞进肚子里。有时候，为了完成自己心中的理想，他们可能需要寄人篱下，甚至遭人白眼、受人讽刺，但他们都忍耐了下来，在这个过程中，他们好像在委曲求全，但实际上却是运筹帷幄，因为他们知道，自己的忍耐只需要等到一天，等到可以出头的那一天，一旦遇到了有利的时机，自己就可以将所有的计划付诸实践。那么，自己以前所受的所有苦难都是值得的，因为它们已经凝结成了成功的光环。所以，我们可以说，任何人，与其活在哀怨的苦难中，不如勇敢向前。

人们驾驭生活的能力，是从生活的困境中磨砺出来的。与世间其他事件一样，苦难也具有两重性。一方面它是障碍，要排除它必须花费更多的力量和时间；另一方面它又是一种肥料，在解决它的过程中能够使人更好地得到锻炼提高。

人生没有过不去的坎，跌倒了再爬起来，重新整理好自己，勇敢地去迎接挑战，就能赢得属于自己的辉煌。而如果你本身承受能力较弱，应该学会制订切合实际的目标，制订由低到高，由易到难的计划，这样能不断地看到自己的进步，从而逐步培养克服困难和挫折的能力。

在许多时候，成功者与平庸者的区别，不在于能力的大小，而在于是否有勇气，有勇气的人就能披荆斩棘，勇往直前，平庸者则只能畏首畏尾，知难而退。爱默生说："除自己以外，没有人能哄骗你离开最后的成功。"柯瑞斯也说过："命运只帮助勇敢的人。"

然而，现实生活中，总有人一味沉溺在已经发生的事情中，不停地抱怨，不断地自责。这样一来，将自己的心态弄得越来越糟，甚至让自己陷入习得性无助的漩涡中，这种对已经发生的事情不断抱怨和后悔的人，注定会活在迷离混沌的状态中。之所以这样，是因为他经历的磨炼太少。正如俗语说的那样：天不晴是因为雨没下透，下透了，也就晴了。

总之，身处困境中，我们每个人都会心存不快，甚至抱怨命运的不公，但人不正是因为这些历练才获得成长的吗？因为人们驾驭生活的能力，是从困境中磨砺出来的。

即便身处绝境，也不要放弃自我

我们都知道，人的本能是趋利避害，每个人都想享受安逸，而不愿意始终辛苦地付出。正是因为如此，很多人在面对挫折时会轻易放弃，也会在未来的人生道路上止步不前，并形成习得性无助。不得不说，你的内心一旦被习得性无助掌控，你也就彻底失去了成功的可能性。

很多人对人生有着美好的规划，也付出了极大的努力，但是最终却一无所成，在失败和沉沦中庸庸碌碌。其实，这些人并非是因为能力不足才与成功失之交臂，只是因为缺乏勇气，在困难和挫折面前退缩了。最终在应该坚持的时候选择了放弃，从而与成功失之交臂，错失良机。

在古希腊，大名鼎鼎的哲学家苏格拉底在哲学领域有很深的造诣，因此常常有人来拜苏格拉底为师，跟随苏格拉底学习。一天，有个年轻人找到苏格拉底，想要拜师，没想到苏格拉底却带着年轻人去了一条小河边，又趁着年轻人不注意一把将年轻人推到河水里。年轻人以为这是苏格拉底独特的考查学生的方式,也就不以为然。不想,苏格拉底紧跟其后跳入河水中,还摁住年轻人的脑袋,想要把年轻人的头摁到水下。年轻人慌了神,为了求生,他再也顾不上什么师道尊严,而是使出浑身的力气把苏格拉底推开,而自己则仓皇上岸。

惊魂未定的年轻人质问苏格拉底到底想干什么,苏格拉底说:"我只是想告诉你,要想学好哲学,学出成绩,就一定要有绝处求生的意志力和坚定不移的顽强信念。"

原来,苏格拉底只是想以这样的方式,让年轻人亲身感受一下人在绝境之下求生的意念到底有多顽强,那是哪怕用尽全身上下最后一分力量也不愿意放弃的决心和勇气。在现实生活中,如果我们对于自己想做的事情始终抱着这样的态度,就绝不会半途而废,更不会白白浪费时间和精力。

人人都想成为人生的强者,拥有成功的人生,方法其实很简单:当人生陷入困境或者看似处于绝境之中时,不要退缩也不要怯懦,熬过去,你就能够成为人生的赢家。朋友们,你们准备好了吗?

温斯顿·丘吉尔曾说:"一个人绝对不可在遇到危险的威胁时,背过身去试图逃避。若这样做,只会使危险加倍。但是如果面对它毫不退缩，危险便会减半。绝不要逃避任何事情，绝不！"人生之路不可能总是平坦的，总有曲折或障碍让你不断地跌倒。跌倒并不可怕，可怕的是跌倒之后爬不起来，尤其是在多次跌倒以后失去了继续前进的信心和勇气。我们应该勇敢地站起来，做一个永不退缩的强者，清理好身上的泥土，继续上路。

曾经在美国的波士顿，有这样一个男孩，他三岁时就失去至亲，成为了孤儿，庆幸的是，后来他被当地的一位烟草商收养了，才让他有了暂时栖身的地方。这位烟草商还送他去上学，他喜欢写诗，这让一直循规蹈矩的养父不能理解，还经常骂他是"白痴"。长大后，他的浪荡不羁更是让养父看不惯，二人之间发生了激烈的冲突，最终他被赶出了家门。

后来，他进了美国西点军校就读，他一门心思放在写诗上，所以根本不去参加操练，最后因无视校规而被军校开除。从此以后，他用写诗来打发自己的时光。

在他26岁时，他遇见了生命中最重要的女人——表妹唯琴妮亚。两人不顾世俗的眼光与阻挠，相爱并很快结婚。这是一段令他刻骨铭心的时光，也是他一生中最难以忘怀的美好回忆。

婚后，因为贫困潦倒，他们甚至连每月3美元的房租都无法支付，常常饿肚子。体弱的妻子因为不堪重负而病倒了，他只能眼睁睁地看着，无能为力。很多人嘲笑他、讥讽他，说他是个十足的"穷鬼"，连自己的妻子都养活不了，而他的妻子面对人们的讥笑，始终对他不离不弃。他们用真爱演绎了世间最牢固的爱情。

在这样困苦的环境中，酷爱写诗的他始终没有放弃手中的笔，每天都在疯狂地写诗，将自己对妻子的爱深深地融入文字中。他渴望有朝一日能改变现状，让妻子过上好的生活。就是这种强烈的渴望支撑着他，让他忘记痛苦，忘记世间所有的不快，一心只想着要"成功"，要"奋斗"。

然而，尽管他一直在努力，重病缠身的妻子还是永远离开了他，几近崩溃的他忍着悲伤的泪水，把对妻子所有的爱恋都付诸于笔端，终于写出了闻名于世，感人肺腑的经典诗作《爱的称颂》，并最终获得了巨大的成功。

"每次月儿含笑，就使我重温美丽的'安娜白拉·李'的旧梦；每次星儿升空，就像是我那美丽的'安娜白拉·李'的眼睛，因此啊！整个日夜我要躺在——我爱，我爱，我生命，我新娘的身旁，凭吊那海边她的坟墓……"如此深情的诗文，让人感动、难过，想必他的爱妻如果泉下有知，也该感到欣慰了。

他是爱伦·坡，美国历史上伟大的作家和诗人。他用自己的一生证明了他的坚强不屈和永不言弃，不管环境多么恶劣，不管他人对自己有何偏见，他一直坚守着自己的梦想。即便前方的路很远很累，可是他没有停下前进的脚步，而是一步步走向了梦想的巅峰。他用自己的实力向整个世界证明了自己，即便逆境，他也照样能走出灿烂的人生。因为他坚信他是一个永不退缩的强者。

成功需要能力与智慧，更需要勇气和信念。没有人能随随便便成功，成功只会青睐那些坚守梦想不放弃的人，不管经历多少磨难，都不要丧失你的动力。对于成功者来说，失败一次、两次，只是在学习成功的方法，失败三次、四次或者更多次，只是说明他们还没有真正找到成功的方法，因此他们要一直做的就是坚持下去，不断地努力，直至成功的那一天。

告诉自己"不要紧",接纳生活中的麻烦

我们每个人都希望自己拥有完美的生活,但是,生活本身就是不完美的。即使你拥有健康的身体、成功的事业、足够的金钱、优秀而专一的爱人、亲密无间的朋友,你也还是会有一些不可预知的烦恼。很多时候,一个人也许事业成功,但是家庭生活却并不和睦;一个人也许因为知足而时常感到幸福,但是他却非常贫穷,没有足够的钱买到自己想要的一切;一个人也许拥有一个特别优秀的爱人,但是爱人却不专一;一个人的孩子非常聪明,家庭和睦幸福,但是事业却屡屡受挫……总而言之,虽然追求完美的信念就像一条高高举起的皮鞭,驱赶着人们朝自己想象中幸福的顶峰执着地攀爬,但是每个人都能轻易地从生活中挑出很多不尽如人意的地方。

但无论怎样,我们都不能被生活中那些不如意打倒,否则,我们会陷入习得性无助的泥潭,认为人生无望、生活无望。你要明白,人生是否幸福全在于自己的感受,生活就像大海,总是一波未平一波又起,面对生活的波折,假如能够满

怀感激地认识到自己已经拥有的东西非常宝贵，值得骄傲和珍惜，那么，幸福的感觉就会如泉水般涌入心田。反之，假如处处吹毛求疵、追求完美，那么，这个世界上就将没有幸福可言。

当生活的麻烦找到我们，我们应该记住，除了接受这些麻烦，努力去解决它，别无他法。而且，没有人能够帮助你，如果你总是与麻烦较真，希望自己能获得别人的帮助，那这样的想法未免太天真了。其实，每个人都有解决麻烦的能力，许多人解决不了人生或大或小的麻烦，那是因为他们没有接纳麻烦的良好心态，因此才无法缔造绚丽的人生。

在生活中，总有这样或那样的麻烦出现，这会给我们的心灵带来巨大的压力，许多人会因为这些压力变得一蹶不振，甚至会因此失去生活的勇气。其实，许多问题并不像我们想象的那么严重，面对这些狂风暴雨，假如我们能够尝试对自己说"不要紧"，并接纳它们，那我们就会缔造出无比灿烂的人生。具体需要做到以下两点：

1.对自己说"不要紧"

在生活中，我们随时都可能遇到那些不如意的麻烦事情。其实，不要小看那些麻烦，它们是生活赐予我们的宝贵财富，如果我们固执于此，任自己较真、沉溺在痛苦中，我们只会更加烦恼。不如对自己说："没关系，不要紧，风雨之后，肯定会有彩虹。"这样想来，那些麻烦的问题还能算什么呢？

2.不要为生活的琐碎较真

相比较人生的挫折，生活中那些麻烦的小事根本算不了什么。如果我们还总是为生活中的琐事而较真，那无疑是折磨自己。学会接受生活赐予的麻烦，通过解决这些麻烦，领悟生活的真谛，然后缔造斑斓的人生。

其实，我们的生活正是因为充满各种各样的麻烦才变得多姿多彩。或许，我们都不喜欢生活赐予自己的麻烦，但当它与自己不期而遇的时候，你也不要掉头或转向，因为麻烦是一个魔鬼，一旦它缠上你，就会对你穷追猛打，不舍不弃。而那些不接受生活赐予麻烦的人，只会被麻烦纠缠得更悲惨。生活中，我们要学会笑纳生活赐予的麻烦，缔造斑斓的人生。

尽力就好，别给自己太大压力

在现代社会，几乎每一个人都有压力，其实，适当的压力对我们个人发展是十分有利的，这就是人们常说的"压力就是动力"。适度的压力能激发人的潜力，一个人的潜力究竟有多大呢？科学家指出，人的能力有90%以上处于休眠状态，没有开发出来。是的，如果一个人没有动力，没有磨炼，没有正确的选择，那么，积聚在他们身上的潜能就不能被激发出来，而压力会给他们这样的动力。

然而，心理学家认为，人承受压力的能力是有限的，一旦超限，就很有可能会导致习得性无助的产生。那么，面对无法避免的压力，我们怎么调整才能避免习得性无助呢？对此，你有两种选择：一是改变环境去适应自己，二是改变自己去适应环境。既然压力是已经存在的，根本无法彻底消除，那我们何不积极地改变自己，正确引导各种压力，使其成为自己前进的动力呢？

有位留学生这样谈自己在留学时期的生活："一开始来到这里的时候，因为自己英语不好，害怕出糗，整天就把自己关在屋里，看书、上网、看电影，这样的生活状态整整维持了一个月，就让我崩溃了。我开始想：自己是否应该干点什么？"后来，她去了国家应用科学院求学，刚开始的时候，老师讲课自己一半都听不懂，而且，老师讲课也没有教材，只能靠自己做笔记，压力非常大。当时，她想：自己只要及格就行了，没有必要追求名列前茅。于是，每天她都会拿着同学的笔记来抄，然后，就跟自己的男朋友一起出去约会。

快到考试的时候，她才开始"抱佛脚"，背诵笔记，每天只睡三个小时，第一次考试，她及格了。虽然，她的分数并不是很高，但是，令她高兴的是老师给全班同学发了一封邮件，在信里，老师这样说："这次考试，我以为出的题目比较难，但是，令我没有想到的是，班里的三个留学生考得还不错，希望你们继续努力。"老师的鼓励令她受到了鼓舞，她开始认真听课，成绩也越来越靠前，到了第二年，她的成绩就排在了全班第一，这样的成绩不仅令同学感到惊叹，连她自己都觉得不可思议。最后，她这样说道："在国外求学的经历堪称跌宕起伏，但是，我并不觉得有什么不好，这些所谓的挫折与困难，让我学会了承受，让我赢得了最后的胜利。我们的生活需要适当的压力，压力教会了我们什么是坚持，最重要的是，让我远离了那种无聊、烦闷的生活，重新拾起了久违的快乐。"

当压力成了自己前进的动力，那生活将会变得异常美好。生活中其实是需要压力的，当我们感觉不到压力的时候，你会发现充斥在生活中的都是无聊、烦闷的气息。

但是，一旦生活有了某种压力，在压力的驱使下，不自觉地将这种压力当成动力，那我们做什么事情都是精神十足，因为压力驱使着我们将事情做得更完美。

如果我们将任何事情都当成一种负担，并在重压下生活，那我们会整日生活在压力、痛苦、烦躁和苦闷之中。

一个人若是背着负担走路，那再平坦的路也会让他感到身心疲惫，最终他会因为不堪生活的压力走向不归路。当重重压力袭来的时候，不妨巧妙地将压力变成动力，让自己卸下重担，而且能将事情做得更好。

因此，学会如何释放压力就显得尤为重要，那么，我们该如何驱赶压力的阴霾呢？

1.不要故意给自己加压

不少人对社会、对家庭、对自己都有不同程度的不满，他们喜欢在压力中生活，在压力中挑战难题，这样便有一种惬意的满足。但不是每次都有好运气，压力多了会压得自己喘不过气来。久而久之，就会祸及自己的身心健康。

2.学会宣泄

真正的健康要达到身体上、精神上和社会上的契合状态，如果心理压力过大，可以采取以下几种方式宣泄：

（1）倾诉。当你心中积满苦闷、烦恼、抑郁等不良情绪无法疏解时，可以向父母、同事、知心朋友尽情倾诉，发发牢骚、吐吐委屈。这样使消极情绪发泄出来后，精神就会放松，心中的不平之事也会渐渐消除。

（2）想哭就哭。心理学家认为，哭能缓解压力。心理学家曾做过这样一个试验，给一些成年人测量血压，然后按正常血压和高血压分成两组，分别询问他们是否哭泣过，结果87%的血压正常的人都说他们偶尔有过哭泣，而那些高血压患者大多数回答说从不流泪。由此看来，把消极情感抒发出来要比深深埋在心里有益得多。

3.忙里偷闲，放松心情

一定要抛却事事追求完美的心态。当你意识到自己需要放松，但无论如何都很难做到、浑身紧张的时候，就应该学着忙里偷闲，放松心情，给自己制造一个放松的空间。

当我们能释放出压力、寻找到内心的沉稳宁静后，虽然依旧要面对很多的挑战，虽然在事业、家庭之间仍然要小心翼翼地"走钢丝"，但我们可以自信、从容，在追求事业的同时也拥抱生活，并有更高生活品质的追求。

第七章

习得性无助与教育心理：孩子积极向上的性格需要从小培养

教育心理学家指出，对于成长中的孩子来说，挫折是一种珍贵的资源，也是一种人生财富。只有经历挫折的孩子，才能有更强的意志力、适应能力，才能直面未来的社会竞争。当然，孩子终究还只是孩子，如果他们不能以积极乐观的心态面对挫折，很容易被挫折打垮，形成习得性无助。这就需要我们家长的引导，家长在平时就要培养孩子积极向上的性格，以及在不同情境下面对挫折的应变能力，这不仅能防止孩子习得性无助的产生，更能提高他们解决问题的能力，并从中获得宝贵的人生智慧和坚忍的意志品质。

从小培养孩子的抗挫折能力，能防止习得性无助的发生

人生中，困难和危险无处不在、无时不有。一个勇于面对困难的孩子，才有战胜困难、获得成功的希望，而那些躲在温室中、保护伞下的孩子很容易在困难面前崩溃，甚至产生习得性无助。这样的孩子很难会有什么大作为，这就告诉父母，在教育孩子的过程中，要尽早对孩子进行挫折教育。

困难和挫折是最好的学校，在这所学校里，孩子能经历磨炼，"艰难困苦，玉汝以成"。没有尝过饥与渴的滋味，就永远体会不到食物和水的甜美，不懂得生活到底是什么滋味；没有经历过困难和挫折，就体会不到成功的喜悦；没有经历过苦难，就永远感受不到什么叫幸福。尽管父母都不想让孩子经历苦难，希望他们的人生路上充满笑脸和鲜花，但生活是无情的，每个人的人生都会有各种各样的苦难，畏惧苦难的人将永远不会幸福。

父母作为孩子的第一任老师，无论你对孩子的期望有多

大，希望孩子将来从事什么样的职业，现下我们都应该帮助孩子学会面对挫折和困难，不能一味地宠溺孩子，不让孩子经受一点风浪，这看似是爱孩子，实际上是害孩子，只会让他们长大后陷入平庸和无能。而同样，父母还要考虑到孩子有一定的依赖性，对孩子放手固然正确，但要适度，孩子对挫折的承受能力有限，孩子在受挫时，必要的时候父母要告诉孩子：跌倒了，自己爬起来，并给予正向鼓励，这就给了孩子一种能力的肯定，此时的挫折教育才是有意义的。

印度前总理甘地的夫人，不仅是一位杰出的、受人敬仰的政治领袖，更是一位有智慧的母亲，在她的育儿经历中，有这样一个小故事：

在拉吉夫12岁的时候，他生了一场大病，要治好就必须要做手术，医生告诉甘地夫人，术后拉吉夫可能要承受巨大的身体痛苦，希望甘地能说一些鼓励和安慰儿子的话，如可以告诉拉吉夫"手术并不痛苦，也不用害怕"等。然而，甘地夫人却认为，拉吉夫已经12岁了，应该学会独立面对了。于是，当拉吉夫被推进手术室前，她告诉拉吉夫："可爱的小拉吉夫，手术后你有几天会相当痛苦，这种痛苦是谁也不能代替的，哭泣或喊叫都不能减轻痛苦，可能还会引起头痛，所以，你必须勇敢地承受它。"

手术后，勇敢的拉吉夫没有哭，也没有叫痛，他勇敢地忍受了这一切。

关于孩子的教育，甘地夫人有自己的心得，她认为，生活本来就不是一帆风顺的，有阳光就有阴霾，孩子在成长的过程中，有快乐，也就会有坎坷。而一个个性健全的孩子就是要接受生活赐予的种种，这样，才能从容不迫地应对未来生活的各种变化。这就是人们常说的甘地夫人法则。

我们不能不承认，现在的很多孩子都生活在蜜罐里，过着衣来伸手，饭来张口的生活。他们是整个家庭的"中心"，父母过度的"保护"，让孩子既缺乏面对挫折的机会，更没有承受挫折的思想准备。所以当挫折摆在面前的时候，这些孩子就会表现出懦弱、悲观、想逃避的想法。但是现实生活并非一帆风顺，是处处藏着逆境的，对于孩子来说也无法避免。因此，放开手让孩子独立面对生活的各个方面，在能力范围内让其自己解决，孩子几经"折磨"，将来就不会像温室里的花那样，禁不起风吹日晒。因此，挫折教育必不可少。

父母在生活中培养孩子的抗挫折能力很有必要，为此，我们需要从以下几个方面努力：

1.父母要以积极的心态影响孩子

作为父母,我们也是孩子的老师。父母如何对待人生的挫折,首先是对父母人生态度的一个考验,其次是给孩子树立了怎样的榜样。

如果我们在挫折面前积极乐观,把挫折看成一个人生的新契机,那么孩子在家长的影响下,也会直面人生的各种挫折,以积极的心态去迎接各种挑战。反过来,如果我们在挫折面前消极悲观,回避现实,那么只能降低自己在孩子心目中的威信,更不利于教育孩子正视挫折。

2.放手让孩子自己去经历挫折,而不是包办孩子的一切

人生之路,谁都不会事事顺心,有掌声也有挫折,有阳光明媚,也有风雨交加,往往挫折坎坷比平坦之路更多。我们的孩子还小,将来还要面对复杂多变的社会,所以,我们要从小让孩子学着面对逆境和挫折,绝不能替孩子包办一切,让其失去锻炼机会。

3.鼓励孩子勇敢面对

孩子在任何时候都需要父母的支持,挫折发生时,鼓励孩子冷静分析、沉着应对,找到解决挫折的有效方法。平常和孩子一起探索战胜挫折、克服消极心理的有效方法,帮助孩子自我排解,自我疏导,从而将消极情绪转化为积极情绪,增添战

胜挫折的勇气。在父母鼓励下战胜挫折的孩子，定能学会抵抗挫折，他们会成为一个在人生路上不断前行的勇者。

总之，作为父母，要让孩子明白，人生路上，免不了挫折。如果我们希望孩子能在未来独当一面，能成为一个敢于面对逆境和挫折的人，就要让孩子从现在开始就勇敢面对，而不是无奈逃避。让孩子明白挫折是生活的一部分，学会正确地看待挫折，孩子才能更快地成长、成熟，将来才会更好地把握自己的人生！

习得性无助

多给孩子积极正面的评价，让他更有信心

生活中，我们常听到这样一句话："说你行你就行，不行也行；说你不行就不行，行也不行。"从心理学的角度讲，这句话有一定道理。一个人的成长，除了先天因素外，种种影响因素中，社会评价和心理暗示起着非常大的作用。而在孩子成长的过程中，他们最信任、最亲近的人就是父母，如果父母给他们的评价是正面的，那么，孩子长大后就会自信、开朗、勇敢。相反，如果孩子总是被负面评价，那么，孩子很可能认为自己真的"不行"，久而久之，就形成了习得性无助，可见父母平时就要多给孩子积极正面的评价。

其实，这是心理暗示的作用，孩子的个性意识来自父母的长期评价。孩子毕竟是孩子，对于别人对自己的评价，孩子会下意识地产生认同感，并进而以此塑造自己的行为。而且，这种评价出现的次数越多，对孩子心理和行为的塑造固化作用越强，甚至会左右其终生。

要知道，一个孩子是否自信，对他的心理健康影响很大。

第七章 习得性无助与教育心理：孩子积极向上的性格需要从小培养

一个孩子无论学习成绩和动手能力如何，作为家长，都应该使其看到自己的长处，并审时度势地多表扬和鼓励。来自家长和亲友的正面肯定无疑有助于孩子克服自卑、树立自信。

小英今年五岁了，已经上幼儿园了，相对于其他同龄的女孩来说，她显得格外活泼。

一个周末，妈妈带她去公园玩，妈妈走在前面，小英在后面跟着，但走着走着，妈妈发现女儿不见了。于是，妈妈四处寻找，结果发现小英在路边的一片草地上专注地玩着什么。

妈妈没有呵斥小英，而是慢慢地走过去，站在她身后，看见小英正在用一根小木棍拨弄着几只小蚂蚁，很专注地看小蚂蚁的活动。

"宝宝，你在干什么？"妈妈问。

"妈妈，我正玩小蚂蚁。"小英虽然回答了妈妈，但她连头也没回，还是在继续观察小蚂蚁。

妈妈心想，孩子这么有好奇心，是一种好的表现，应该鼓励她。妈妈说："宝宝真细心，这么小的蚂蚁你都能看到，你在这里慢慢观察，妈妈不打扰你。"

有一次，妈妈从幼儿园把小英接回来之后，发现她闷闷不乐的，妈妈问她怎么了，她支支吾吾地说："今天老师让我们折纸,叠一个小兔子,同学们做的都比我好,我好难过。"妈妈一听,原来是孩子的自信心受到了打击,于是,她赶紧鼓励小英:"宝宝,你知道吗,每个人都有自己擅长的事,你不擅长折纸,也许你擅长做其他的事,你看,你唱歌就比隔壁小胖好听,对不对?还有啊,你还会帮妈妈做家务呢!其他同学可不会……"小英一听,脸上立马露出了笑容。

小英的妈妈做得很好,培养孩子最重要的就是培养她的自信心,而孩子的自信心是父母给的,因为孩子的世界是简单的,他们的情感也是最直接的。作为父母,你给他什么暗示,他就会做出与暗示一样的事情来。例如,如果你赞扬他是个乖巧的孩子,那么,他就会按照你的意愿,处处都表现得乖巧,如不说脏话、主动做家务、不与小朋友打架等;相反,如果你说他不听话,那么,他就会骂人、打人,做出一些让人生气的事情来。

因此,在家庭教育中,父母应该认识到暗示的重要性,尽量不要给孩子贴负面标签,当孩子受挫后,你也应该找出孩子的闪光点,把这个闪光点放大,贴在他身上,他就会向着你期望的目标一步一步靠近。

那么,作为父母,该如何积极正面地评价孩子呢?

1.多看到孩子的优点

教育要严格,并不是说要将孩子批评得一无是处,我们最好从多方面、多层次了解和评价孩子,不能只盯着孩子的缺点。

2.多鼓励你的孩子,不能因为一次错误而给孩子贴上永久的负面标签

是孩子总会犯错,父母要给孩子改错的机会,并鼓励孩子,每个孩子都是不断地在犯错、认错、改错中成长的。错误是这个世界的一部分,也是与人类共生的一部分,父母切不可因为孩子的一次错误而给孩子贴上永久的负面标签。

3.不宜过分夸大孩子的优点

孩子有好的表现时,父母一定要给予表扬,赞赏之言可以稍微夸大,这有利于增强孩子的自信心,但是不宜过分夸大,否则,容易让孩子骄傲自满。

4.不要只是赞美孩子的学习成绩

孩子的学习成绩好,我们当然可以赞美,但如果孩子成绩并不优秀,那么,我们就该多寻找孩子身上的其他优点,转移孩子的注意力。尽管说学习是学生的天职,但分数并不是最重要的。当孩子成绩不理想时,不要横加指责,而如果你的孩子没有自信,你更不要过于注重他的分数,你要试着在他身上找

到其他的优点,如他的动手能力强、孝顺父母、团结同学、热爱劳动等,并举出事例。这样,孩子即使成绩不好,也会有值得自豪的优点,也就不会丧失信心了。

孩子天生就是积极的,喜欢尝试的,但在他们后天接受的教育中,若他们很少成功,经常被父母批评等,就很可能变得胆小、自卑、消极,甚至产生习得性无助,这对于孩子的成长是极为不利的。因此,为人父母,我们有必要关注孩子在成长过程中的情绪变化,多给孩子积极正面的评价,在正面的肯定下教育出来的孩子才会更加阳光和自信。

学习上自卑的孩子需要你的帮助

生活中，很多父母都曾听到孩子在学习成绩不佳时这样说："算了，就这样吧，没用的""听天由命吧"……孩子的这种消极、自卑的心理是他们在学习上积极进取的最大杀手。作为父母，一定要注意孩子的态度，如果你发现孩子在学习时表现出自卑的情绪，你一定要帮助孩子重塑自信，警惕孩子因为长期的挫败而产生习得性无助。

我们发现，在每个学校乃至每个班级里，都有一群厌学的孩子，他们不愿花时间读书，成绩也不好，看上去，他们对学习没有丝毫兴趣，但事实上，他们并非一直如此。

最初，这些孩子也很积极努力，可由于各种原因，他们总是收到失败的果实，没有品尝过成功的喜悦。这时，如果父母或老师没有给予鼓励，甚至嘲笑和批评孩子，孩子内心就会产生挫败感和对学习的恐惧，这又进一步影响孩子的学习效果，造成恶性循环。最终，他们会觉得一切努力都是徒劳无功，觉得自己天生不是那块料，从而放弃学习。

其实，考试成绩不理想并不能说明学生没有学习能力，更不能说明孩子笨。学习本就是宽泛的概念，学书本知识是学习，学技术手艺也是学习，每个人擅长的领域不一样而已。但对刚开始构建三观的孩子来说，这会造成严重的认知偏差。

而认知偏差就像荆棘的种子，一旦在幼年时被扔进我们心里，便会牢牢扎根，随着时间流逝而嵌进更深的地方……

因此，父母一定着力避免孩子产生"习得性无助"。孩子若已表现出自卑的倾向，更要帮助他们加强信心。

具体来说，父母可以这样做：

1.尊重孩子的成长规律，不要总是拿他和其他孩子比

事实上，每个孩子的智力是不一样的，学习能力也不可能完全一样。因此，当你的孩子学习比其他人慢时，你不能打击他："你怎么这么笨啊，你看人家半个小时能背下来，你怎么就是背不下来？"本来孩子很努力地在学习，现在你又拿他和别的孩子比，这势必会给孩子造成一定的心理压力，孩子会认为自己真的比别人差、比别人笨，于是形成恶性循环。其实家长需要做的是为孩子营造轻松的家庭氛围，使孩子能够放松心态，自然地进入求知状态。

2.不要总是批评孩子

有的父母认为"棍棒之下出人才"。而事实上，那些很少受到父母表扬、总是被父母批评的孩子很容易对自己失去自信，对自己力所能及的事都会产生退缩心理，从而慢慢地失去主动性，形成对任何事都漠不关心的态度。

3.关注孩子的点滴进步

有的孩子学习成绩差，父母总是焦急甚至埋怨。要知道，孩子学习成绩的转化是需要有个过程的，今天的他考50分，你不可能让他明天就考100分。因此，你需要有耐心，要关注孩子的点滴进步，如果他们的努力和进步被忽视，或者努力没有取得任何效果，孩子就会怀疑自己的能力，进而产生习得性无助。

所以，父母要特别关注孩子的点滴进步，发现他们的闪光点。要善于纵向比较，多表扬和鼓励，让孩子看到自己努力的成果，从而产生自信，减少挫折感。

4.鼓励孩子大胆尝试

孩子都是充满好奇心的，他们很喜欢尝试，因此，父母应给予鼓励和指导，千万不要打击孩子动手的积极性。即便是做错了，也不要训斥，要积极地关注自己的孩子，鼓励和帮助他们树立自信心，远离无助感。

孩子的自卑不是一两件事上形成的,帮助孩子摆脱自卑、重塑自信也绝非一日之功。父母应保持耐心,减少打击批评,多表扬孩子的小进步、小成就,悉心呵护自信心的种子。

引导孩子正确认识人生成败

生活中，我们经常提到要让孩子"吃点苦"，其实，这并不是非要孩子吃糠咽菜，忆苦思甜，或让孩子承受不必要的非人折磨和痛苦，而是让父母减少对孩子的娇生惯养、包办代替，让孩子从小多一些经历、多一些锻炼，培养他们坚忍、顽强的性格，也就是让孩经历一些挫折教育。孩子在成长过程中，总是要经历很多挫折，但挫折会激发孩子勇敢无畏的精神，积极面对遇到的困难。因此，作为父母，必须让孩子面对"挫折"，鼓励其克服并战胜它。

的确，人都有失意的时候，然而，"挫折与失败是人生最好的礼物"。人只有在遭遇挫折、被他人百般刁难、歧视、嘲讽时，才能"打醒自己"。这岂不是一生中最珍贵的礼物？以这样的心态教育孩子，父母就应该给自己定位好角色，可以是提供挑战的人，也可以是帮助孩子面对挑战的智囊团，或者做孩子接受挑战时的休息站。

现在的孩子大都是在万千宠爱中成长的，被家长过多过细地照顾和保护，造成孩子依赖性强，自觉性和独立性差。从孩子发展的需要看，生活中，挫折无处不在，可以说挫折伴随着孩子成长的每一步。有意识地让孩子受点"苦""累"，受点"挫折"，使孩子明白人人都可能遇到困难和挫折，有利于孩子直面困难，正视挫折，并提高克服困难的能力。那么，应该怎样对孩子进行挫折教育呢？

1.引导孩子正确认识挫折

孩子在生活中有不同的活动，当孩子面临困难时，我们应该让他直观地了解事物发展的过程，在反复体验中逐步认识到挫折的普遍性和客观性，从而真切地感受到做任何事情都会遇到困难，成功的喜悦恰恰来自于问题的解决。只有让孩子在克服困难中感受挫折、认识挫折，才能培养出他们不怕挫折、敢于面对挫折的能力。

2.利用和创设困难情景，提高孩子承受挫折的能力

在孩子的生活、学习活动中，我们可以随机利用现实情景，或模拟日常生活中出现的难题，让孩子根据自己的生活经验，积极开动脑筋，努力克服困难并完成任务。这样，当孩子经历了从不会到会，从需要别人协助到独立完成的过程，他们的自信心、能力都能得到提升，并且这一过程也是训练他们自理能力的过程。家长还可以创设一些情境，制造难题让孩

子尝试解决。但是，在创设和利用困难情景的时候，要注意几个问题：

（1）必须注意适度和适量。设置的情景要有一定的难度，但是不能太难，要遵循循序渐进的原则。同时，孩子一次面临的难题不能太多，否则，过度的挫折不但不能帮助孩子树立自信，还会加大他们的负面心态，从而失去努力和前进的信心。

（2）在孩子遇到困难而退缩时，要鼓励和引导孩子，让孩子体验成就感，而当孩子取得成就时，更要及时肯定，让孩子体验成功的喜悦，从而更有信心去面对新的困难。

（3）对陷入严重挫折情景的孩子，要及时进行疏导，防止孩子因受挫折而产生失望、冷淡等不良心理反应，在必要时可帮助孩子一步步实现目标。

3.利用榜样力量教育，增强孩子的抗挫折能力

在日常生活中，向孩子讲述一些名人在挫折中成长并获得成功的事例，让孩子以这些名人为榜样，不畏挫折；要注意父母和老师的榜样作用，在孩子眼中，父母和老师非常高大，无所不能，他们对待挫折的态度和行为会潜移默化地影响孩子的态度和行为；同伴也是孩子的"老师"，父母和教师要抓住同伴的良好行为树立榜样，增强孩子抗挫折能力。

4.多鼓励，改变孩子的受挫意识

孩子只有不断得到鼓励，才能在困难面前淡化和改变受挫意识，获得安全感和自信心。成人要多鼓励孩子做自己力所能及的事，一旦进步，要立即予以表扬，强化其行为，并随时表现出肯定和相信的神态。成人的鼓励和肯定既能使孩子的受挫意识得以改变，又能提高他们继续尝试的勇气和信心。因为经常被挫折感笼罩着，会损害他们心理的健康发展。总之，在孩子发展的过程中，没有挫折不行，挫折过多、过大也不行，父母要正确引导，使孩子能正视并战胜挫折，健康成长。

我们深知，钱会用光，地位也会改变，父母总有一天也会离开孩子，但孩子在年幼时养成的对待挫折与失败的正确习惯，是孩子一生最好的礼物，谁也抢不走。即使哪一次他失败了，他懂得爬起来再战，甚至明白什么时候应该再接再厉，什么时候可以另起炉灶。而这正是挫折赋予孩子未来的本钱，它可以让孩子从容地应对狂风巨浪。

孩子受挫后告诉他别灰心，再试一次

谈及教育，最盛行的就是赞美教育，"告诉孩子，你真棒！"是这个时代爸爸妈妈们最熟悉的教育方式。但是现在的孩子却又普遍经受不了挫折，而我们教育孩子的目标之一，就是教孩子正确对待失败，在失败时尽快调整好心态，要让孩子明白挫折是生活的一部分。因为孩子在成长的过程中必然会面临很多的挫折，所以家长要尽早引导孩子充分发挥自己的能力和潜能去获取成功。这种教育方式能强化孩子的坚强意志，增加他们的定力，为他们今后走向社会，在激烈的竞争中脱颖而出打下基础。

对孩子进行耐挫折教育，家长必须认识到爱孩子应该理智，不能过分迁就他。在生活中很多父母对孩子嘘寒问暖，不让孩子受一点点儿委屈，这是爱孩子的表现，但过度的关爱和保护，会让孩子失去许多的动手机会，面对困难的机会便很少，其生活经验也会更少。孩子在过多的关爱中形成了依赖思想，把自己定位在"弱者"这一行列，当遇到困难时，首先想到的便是父母的帮助，而没有自己克服的意识和勇气。所以，提升孩子面对挫折的能力，有助于引导孩子更有勇气去承担失败，也更能在失败中崛起。那么，当孩子失败时，家长怎样做才能帮助孩子再尝试一次呢？

1.给予引导

当孩子在交往中遭遇挫折和失败时，父母应引导孩子分析受挫折的原因，从中吸取教训，并想办法克服困难。当他自己克服了困难时，父母应鼓励、肯定，让孩子体验成功的喜悦，增强克服困难的信心。如果他自己克服不了困难，父母应给予适当的安慰和帮助，以免使孩子过分紧张，影响身心健康。

有位母亲谈到女儿在下围棋时有"输不起"的心态时候说："当我女儿在下围棋时出现了那样的情况以后，我总是有意识地引导她：下围棋肯定会有输赢，只要你好好学，什么时候技术超过了别人，你就能战胜对方了，如果你现在还比不上人家，那么被别人吃掉时，你也要勇敢些，别哭，下棋时多用小脑袋想想，是哪里出错了……在一次又一次的心理引导和实践体验中，孩子的承受力渐渐增强了。现在她也参加了围棋班的学习，考验的机会更多了，孩子面对失败也更坦然了。"

2.给予鼓励

孩子失败后,当他误以为自己走投无路的时候,他最需要父母帮助点燃心中的希望,看清自己的潜力。那就鼓励孩子,让其坚信挫折只是暂时的,因为绝境与努力无缘。孩子在你的鼓励下就会跃跃欲试,孩子有了成功的体验后,以后就有面对困难勇于尝试的意识了。

3.鼓励尝试

孩子毕竟是孩子,对于他们认为困难的事情,他们有时会拒绝尝试,但如果父母帮他们将目标确定成"试一试",而不是"成功",孩子的内心就会轻松许多。如果他们被剥夺了尝试的机会,也就等于被剥夺了犯错误和改正错误的机会,离成功也就越来越远。父母的聪明之处在于:即便是一次失败的努力,也让孩子从中有所收获。所以当你的孩子拒绝尝试时,父母要及时地给予鼓励,鼓励孩子去尝试,哪怕是一次失败的尝试。如果孩子能在尝试中成功,那就会给他们成就感,从而获得面对困难的勇气;如果尝试失败了,父母再出面予以帮助,在帮助中获得经验,让他懂得面对困难不要退缩,而要勇敢地去解决。

4. 激励孩子战胜挫折,让孩子"藐视"挫折

发明大王爱迪生也曾经面临巨大的挫折:

一天深夜，爱迪生的实验楼突然火光冲天，烧成一片废墟，他研究有声电影的所有资料和样片统统化为灰烬。他的太太伤心地说："多少年的心血，叫火烧了个精光，这可怎么办呢？"爱迪生虽然也很伤心，但他决不会在挫折面前低头。发明电灯时，他先后试验了7600多种材料，失败8000多次，从未后退过，终于获得成功。眼下的火灾也同样不能使他后退。

爱迪生宽慰太太说："不要紧，别看我已经67岁了，从明天早晨起，一切重新开始。"

父母也可以用这种激励方式，让孩子从挫折中走出来，重新开始。总之，让孩子学会吃苦、学会做人不是一件容易的事，更不是一个简单的过程，需要父母"狠"下心来，加强对孩子的吃苦教育，帮助孩子树立敢于吃苦的坚定信念。

总之，作为父母，不要让你的孩子成为一个弱者，不要让他在生活中不堪一击，不能让他像鸵鸟一样在遇到危险的时候，就把自己的头藏在沙土中以获得心灵上的解脱。在挫折教育大行其道的今天，父母不要误以为让孩子吃点苦就能培养出坚强的孩子，父母需要把握好这中间的尺度，培养孩子的抗挫折能力和越挫越勇的斗志，应该让孩子时刻记得，放弃就意味着失败，尝试就有成功的可能！

受挫后孩子变自卑了，该如何引导

前面，我们已经提及过挫折教育。对孩子进行挫折教育是有必要的，但父母还需要注意挫折教育中的重要一环，那就是增强孩子受挫后的恢复能力。父母创造条件让孩子经受挫折是挫折教育的一种方法，但是屡次的挫折也会让他们失去自信，甚至产生习得性无助。所以，父母还要引导孩子学会正确地面对挫折，培养孩子受挫后的恢复能力和自信心。让孩子在将来的生活中，独自面对挫折时，能够泰然处之，永远乐观。

可能很多父母有这样的想法："他的心事为什么这么重？我怎么才能让他恢复到以前的状态？怎么能够培养他遇到挫折也不灰心，继续克服困难呢？我不希望他遇到一点小小的挫折就心事重重，情绪低落，我希望他做一个开朗坚强的孩子。"

孩子遭遇失败，情绪低落时，父母切忌以怜悯的态度对待孩子。心痛地抱着孩子长吁短叹，或是从此把孩子呵护得更紧，这都是不可取的方法。正确的做法是让孩子明白人人都会经历失败，从失败中学习、吸取经验教训，从受挫的痛苦中解脱出来，找出战胜失败和挫折的方法。

被誉为"全球第一CEO""最受尊敬的CEO""美国当代最成功、最伟大的企业家"的通用电气原CEO——杰克·韦尔奇在全球享有盛名。回忆起成长中的故事，他这样说："虽然我从来没有缺乏过自信，但是1953年秋天，我在马萨诸塞大学的第一个星期，却过得不是很好。我非常想家，以至于母亲只得驾车3个小时，从家到学校看我。她想给我打打气，让我能重新振作起来。"

母亲这样告诉他："看看周围的这些孩子，他们从来没有想过回家。你和他们一样优秀，而且还要出色。"尽管韦尔奇当时并不是很出色。

母亲那些激励的话确实奏效了，不到一星期，韦尔奇便信心十足，不再忧虑了。他挣扎着度过了大学的第一年，他的成绩还不错……

母亲坚定的话语和信任，让韦尔奇"在黑暗中看到了光明"，受到了极大的鼓舞，帮助他从被挫折击垮的状态中重新爬了起来。母亲的话，让韦尔奇看到了希望，增加了他继续前进的动力。

从韦尔奇的经历中，家长应该有所启发，孩子在受挫后，应该帮助孩子树立信心：人生没有过不去的坎，跌倒了再爬起来，重新整理好自己，勇敢地去迎接挑战，就能赢得属于自己的辉煌。

对此，美国的心理学家曾经教给父母们一个叫作"3C"的办法来帮助孩子们渡过困境。所谓"3C"是指control（调整）、challenge（挑战）和commitment（承诺）。

所谓"调整"，指的是让孩子明白即使遇到困难，也不是绝境。例如，孩子在评选活动中落败，父母可以这样帮助他调整心态："我知道没评上你很难过，但我相信你下次一定会更努力，一定能得奖，说不定还能得一等奖呢。"

而给孩子"挑战"的感觉则是为了让他学会在不愉快的氛围中找到快乐的一面——"转到新的学校是很让人沮丧，但是我相信你不管到哪里都能交到很多好朋友。"

最后一条是"承诺"，用"承诺"的方式帮助孩子看到生活中更为广大的目的和意义——"爸爸没来看你比赛你一定很伤心，但是你知道，爸爸非常希望你能有出色的表演。"

对于涉世未深的孩子而言，困难和挫折是在所难免的，如何引导孩子，从挫折后的失落情绪中走出来，进行心理调整和心理恢复，是家长必修的一课。

当孩子面对挫折时，家长要及时对孩子进行心理疏导，从尊重、关心孩子的角度出发，共情、理解孩子，用孩子的思想接触他们的心灵，别让孩子长时间处于受挫的心理状态下，以免造成一些悲剧。

另外，针对不同的挫折情况，父母可以适当教授孩子一些抗挫折的方法，让孩子从挫折中站起来，自尊自信，自我解脱，勇敢地去创造未来。

1.引导孩子合理释放

发现孩子受挫后，父母要采用适当的形式，帮助孩子将内心的苦闷心情宣泄出来，不要让孩子把苦闷压在心里。父母可以和孩子多交谈，也可以运用书信的方式安慰孩子，告诉他们心情不好的时候可以向亲人、老师、同学或朋友倾吐内心的压抑之情，获得他们的理解和帮助，以缓解心理压力。也可以鼓励孩子通过写日记的方式，把心中的不快宣泄出来，从而稳定情绪、理清思路，维护心理的健康。

2.教孩子使用目标转移法

孩子受挫后常常情绪很差，要么闷闷不乐，要么暴躁易怒。化解孩子的坏情绪，父母可以引导孩子转移目标，消解他们的紧张心理。例如，陪孩子外出散步、游玩、一起听音乐或谈论他们爱好的足球、篮球明星等，来分散他们的注意力。稳定孩子的情绪，消除他们心中的烦恼，减轻孩子的挫败感。

这些方法都能帮助孩子尽快从受挫的郁闷心情中及时走出来，恢复朝气蓬勃的精神状态，经受挫折后的他们能以更加饱满的情绪迎接新的挑战！

参考文献

[1] 塞利格曼.习得性无助[M].李倩,译.北京:中国人民大学出版社,2020.

[2] 彼得森,迈尔,塞利格曼.习得性无助[M].戴俊毅,屠筱青,译.北京:机械工业出版社,2011.

[3] 墨羽.受益一生的心理学效应[M].北京:中国商业出版社,2019.

[4] 雷戈博士,法德.十步驱散抑郁:认知行为疗法[M].陈书敏,译.北京:台海出版社,2021.